旅游景区综合发展研究

王鸣柳◎著

中国·广州

图书在版编目（CIP）数据

旅游景区综合发展研究 / 王鸣柳著. — 广州：广东旅游出版社, 2020.12
ISBN 978-7-5570-2386-7

Ⅰ.①旅… Ⅱ.①王… Ⅲ.①旅游区－经济发展－研究－中国 Ⅳ.① F592.3

中国版本图书馆 CIP 数据核字 (2020) 第 242475 号

旅游景区综合发展研究
Lvyou Jingqu Zonghe Fazhan Yanjiu

广东旅游出版社出版发行
（广州市环市东路338号银政大厦西楼12楼　邮编：510180）
印刷　河北文盛印刷有限公司
（地址　河北省保定市涿州市东仙坡镇下胡良北口）
广东旅游出版社图书网
www.tourpress.cn
邮购地址：广州市环市东路338号银政大厦西楼12楼
联系电话：020-87347732　邮编：510180
710毫米×1000毫米　16开　11.5印张　210千字
2021年3月第1版第1次印刷
定价：48.00元

［版权所有，侵权必究］
本书如有错页倒装等质量问题，请直接与印刷厂联系换书。

前　言

　　现代旅游业发展迅速，已经成为非常活力的产业。旅游景区是旅游业的重要组成部分，是吸引旅游者的核心。旅游业的发展从某种意义上说就是进行旅游景区的开发和建设。

　　我国旅游业的发展速度非常快，旅游景区大型化、商业化以及体制多样化的趋势越来越明显。

　　本书为旅游景区的综合发展评价研究，共分五章。

　　第一章，介绍了我国旅游景区发展的概况，综述了发展历程并规划预测了发展趋势；提出了目前我国在景区管理中还存在的一些问题，通过分析原因，提出了对景区管理的发展对策。

　　第二章，旅游景区的品牌塑造和产品创新。随着旅游业的快速发展，如何开发独具特色的景区产品成为景区经营的重点。本章两节分别介绍了旅游景区品牌塑造和产品创新的意义与策略。

　　第三章，旅游景区环境质量的评价研究。随着旅游业的发展，旅游环境越来越得到重视。本章所述旅游景区的环境包括卫生环境、园林绿化环境、综合环境保护。综合环境又包括水体、大气、固体废弃物、噪音、承载力等方面。本章介绍了构建了旅游景区环境质量评价体系的方法，倡导建设低碳旅游景区。

　　第四章，旅游景区服务质量评价研究。介绍了旅游景区服务的项目，综述了旅游景区服务质量的研究进展及评价，提出了基于游客感知的景区旅游服务质量的管理策略。

　　第五章，文化旅游与城市经济协调发展研究。文化旅游是文化产业与旅游产业融合的产物，也是旅游发展的更高阶段。本章综述了文化旅游与城市经济发展的关系，分析了两者协调发展的可行性及现实困境，探索了文化旅游与城市经济协调发展的融合路径。

本书第六章为旅游景区发展的新方向和创新性研究。企业化、社区化发展是旅游景区发展的新模式，同时其管理也应该与其发展模式相适应。旅游景区的创新包括产品的创新、管理的创新、经营的创新等多方面的创新，只有全面协调创新发展，才能开创旅游景区综合发展的新局面。

目 录

第一章　我国旅游景区发展现状及趋势 ……………………… 1

　第一节　我国旅游景区发展的概况 ……………………………… 1
　第二节　旅游景区管理中存在的问题 …………………………… 5

第二章　旅游景区的品牌塑造和产品创新 …………………… 9

　第一节　旅游景区品牌的品牌塑造 ……………………………… 9
　第二节　旅游景区的产品创新 …………………………………… 22

第三章　旅游景区环境质量评价研究 ………………………… 37

　第一节　旅游景区环境管理 ……………………………………… 37
　第二节　旅游景区环境质量评价体系构建 ……………………… 52
　第三节　低碳型旅游景区的建设 ………………………………… 62

第四章　旅游景区服务质量评价研究 ………………………… 75

　第一节　旅游景区服务质量 ……………………………………… 75
　第二节　景区服务质量的研究进展及评价 ……………………… 92
　第三节　基于游客感知的景区服务质量管理 …………………… 102

第五章　文化旅游与城市经济协调发展研究 ………………… 115

　第一节　文化旅游与经济协调发展的相关概述 ………………… 115
　第二节　文化旅游与城市经济协调发展的基础分析 …………… 128
　第三节　文化旅游与经济协调发展的实现路径 ………………… 140

第六章 旅游景区的创新与管理 …… 151

第一节 旅游景区与创新 …… 151
第二节 旅游景区产品创新 …… 155
第三节 旅游景区管理创新 …… 160
第四节 旅游景区经营创新 …… 167

参考文献 …… 175

第一章　我国旅游景区发展现状及趋势

我国是世界上旅游资源最丰富的国家之一。从自然旅游资源来看，我国国土面积辽阔，资源种类齐全，气候条件多样，地貌成因复杂，生态类型多样，景观形态丰富，在世界上是独一无二的。而且我国又是四大文明古国中唯一文脉未曾中断、文化薪火相传至今的东方大国。五千年灿烂文明，造就的物质文化遗存和非物质文化遗产数量之巨也是举世无双的。这些是我国旅游景区发展的物质基础，也是我国建设旅游强国的重要条件。

第一节　我国旅游景区发展的概况

一、我国旅游景区的发展历程

我国旅游景区在行业形成的过程中，大致经历了四个阶段，即古代的萌芽阶段（原始社会至 1840 年）、近代的低迷阶段（1841 年到 1949 年）、现代的兴旺阶段（1950 年到 1999 年）、当代的提升阶段（2000 年至今）。

（一）古代的萌芽阶段

人类进入原始社会后期时，社会分工的出现使得物物交换更加频繁。商业旅行和考察带动了旅游活动的发展，中国的商业旅行始于夏朝，兴于商朝，发展于周朝。周朝商旅活动的繁荣改善了交通条件，交通条件的改善继而推动了旅游的发展。

求学是当时推动人类旅游活动的又一重要因素，如发生在春秋战国时期的游学。作为一种古代社会士人远道寻师受学、传播学术思想的重要文化活动，游学也极大地推动了旅游的发展。最典型的例子就是中国古代最伟大的思想家和教育家、儒家学派的创始人——孔子。孔子长期处在游说列国的漫长旅途当中，他的足迹遍布山东、河南、安徽、湖北等地。

到秦汉时期，帝王的巡游极大地推动了旅游的发展。尤其是秦始皇时期，官府投入了大量的人力、物力开发了恒山、泰山、岳山、华山、岐山等十二座名山以供秦始皇出游。

在魏晋南北朝时期，由于道教、佛教的兴盛使得与宗教相关的景观得以开发，如青城山、五台山、峨眉山等。

进入隋唐时期，许多文人墨客走南闯北，佛教日益兴盛，旅游业也因此得到了飞速的发展，许多旅游景观也由此诞生，如广西的桂林山水、陕西的华清池、湖南的岳阳楼、江西的滕王阁、山西五台山的佛光寺、西安的大雁塔、敦煌的莫高窟、洛阳的龙门石窟等。

明朝时期，开发了闻名的黄山，建造了如今的紫禁城、十三陵等景区。

综上所述，我们不难看出这一阶段主要是以自然景观的开发为主，也有少量人为开发的景观。所有的景观都没有经营部门介入，也没有旅游服务与管理，更没有获得经济效益。人文景观也有很大的局限性，仅是为了帝王达官贵人享乐和居住的目的而建，也没有获得经济利益。因此这一阶段称为旅游景区发展的萌芽阶段。

（二）近代的低迷阶段

19世纪，西方的工业革命把人类推向近代旅游的新阶段。蒸汽机的发明和运用，让人类从此有了依靠机械动力行进的交通工具——火车和轮船。新式交通工具的出现使较大范围、较远距离的旅游成为可能，因此旅游者的队伍越来越壮大。在欧洲、北美洲的一些国家相继诞生了许多旅行社，出现了一些现代化的酒店。旅游活动越来越方便、舒适，旅行费用也逐步降低，许多旅游景区得到了空前的发展。

在这一时期，中国旅游景区的发展却十分缓慢。清朝修建了大量的花园和园林，如颐和园、清晖园、绮园等。除传统的园林外，也出现了第一个具有现代意义的"公园"——公花园。无锡的公花园被誉为"华夏第一公园"，其始终坚持一个原则：不收门票，也不针对任何人设立门槛，是真正意义上的公众之园。公园的出现使得旅游景区的类型日渐多元化，与传统园林相比，公花园在功能上有了很大的拓展，是现代旅游景区的雏形。

（三）现代的兴旺阶段

20世纪80年代，随着我国旅游业的迅速发展，旅游景区也进入高速发展时期。这一时期，旅游景区有以下一些特点。

1. 旅游景区多元化发展

旅游者的消费能力日益加强，闲暇时间越来越多，多数人不再满足于"走马观花"式的游览，各种类型的旅游景区不断涌现，如度假型旅游景区、观光型旅游景区、遗址型旅游景区、主题公园旅游景区等。

2. 旅游景区的基础设施、服务设施和娱乐设施日趋完善

景区得到规划和开发，主要是资源的简单开发，缺乏科学的统一规划；景区的经营管理已经开始出现，但科学化管理水平较低，盲目开发、过度开发的现象比较普遍。

3. 景区资源破坏严重

由于景区的规划只注重经济效益而忽略社会和生态的效益，旅游资源的破坏较为严重。

（四）当代的提升阶段

2000年以后，可持续发展的理念在旅游开发中占据了主导地位，人们保护文物和环境的意识日益加强，旅游者的文化素质不断提高，其需求也呈现出多样化、个性化的特点。这一阶段旅游景区的主要特征如下：

1. 旅游景区产品更具特色

除传统的观光型旅游产品及后期出现的休闲度假、商务会议、康乐健身外，还相继出现了红色旅游、农业观光等多种具有特色的旅游产品。

2. 景区的开发、规划、经营更加科学

过去，旅游开发者对旅游资源大肆开发，严重破坏生态环境，一味地追逐商业利益，致使资源遭到破坏，旅游效果大大降低。如今，提倡可持续发展的旅游景区规划，强调人与环境的和谐相处。管理上也采用科学的方法，在保护旅游景区资源的同时为游客提供更好的服务，并取得更好的经济效益。

3. 旅游景区的各项设施日趋完善，服务质量明显提高

许多景区加大投资力度，全面完善景区配套设施，提升景区服务质量。

以河南省的云台山景区为例，2007年投资700万元购置观光巴士20辆，面向社会公开招聘巴士司机和随车讲解员各20名，增加了景区的交通运输力量，全面提高了景区的服务水平；投资540多万元进一步完善景区基础设施，在众多景点增设60个摄像头；投资50万元，修建星级厕所等。

4. 旅游景区更注重保护旅游资源和环境

保护旅游资源和环境是一项系统工程，需要全社会的参与。相关部门制定了保护旅游资源的一系列条例和法规。旅游景区也采取多项环保措施，如限制游客人数、封山护林、严格控制污染源等，大力保证景区的生态环境，确保景区的原始风貌。

二、旅游景区的发展趋势

随着旅游业的发展，旅游景区作为旅游产业核心要素的地位越来越显著。作为我国旅游产业的重要组成部分，旅游景区的发展呈现以下几个趋势。

（一）投资力度不断增加，景区数量持续增长

旅游业的发展势头使社会认识到了它对经济发展的贡献，各级地方政府都加快了旅游业的发展力度，并将其作为支柱产业或主导产业来发展，因此各地大力进行旅游资源开发，新的旅游景区层出不穷。目前，我国现有的旅游景区已经达到2万家，而且今后每年还将以大约1万家的速度增长。

（二）旅游景区产品更重视新产品的开发

文化旅游、房地产旅游、特种旅游，如露营、滑雪、泡温泉等将逐步占据更多的市场份额。根据游客需求的变化，要不断寻求自身的优势，满足游客的需求，形成自身的特色，逐步挖掘自身的文化内涵，最终形成旅游景区的品牌，提高景区的竞争力。

（三）景区服务质量持续提升

随着游客对于景区服务质量要求的不断提高，再加上旅游景区数量的快速增长，景区质量的提升，无论是观念和实际行动都要得到提高和加强，并成为今后旅游景区发展的重点内容之一。

（四）旅游景区人才更精更年轻

景区的工作人员由专门的院校培养，人才层次在专科、本科以上，并接

受过景区管理课程的培训。景区的高级管理人才将以非旅游专业,特别是经济类的人才为核心,此类人才将成为景区高级管理人才的主体。职业经理人将成为景区的主要负责人,并呈现出领导层年轻化的特点。

(五)景区朝着生态化发展

随着"低碳生活""生态旅游"理念的不断加强,旅游者对景区产品质量的要求越来越高,然而不恰当的开发往往会带来一系列的生态环境问题:土地沙化、森林破坏、水土流失、环境污染、水资源紧缺,等等。这些问题直接威胁到景区的生态安全,制约着旅游景区的可持续发展。因此,保护好自然环境和野生动植物资源,使景区朝着生态化方向发展是未来旅游景区发展的趋势。

第二节 旅游景区管理中存在的问题

一、我国旅游景区管理中存在的问题

(一)缺乏明确的管理体系

旅游景区的管理体制不明确,从而出现多头管理的现象,主要表现在以下几个方面。首先每个景区归属于不同的职能部门进行管理。例如:森林公园等自然保护区,这些景区主要由林业部门进行管理,而地质公园则由我国的国土资源部门进行管理。这样的情况导致很多的景区在地域位置上出现重叠和交叉的现象。造成旅游景区管理比较混乱,很难达成统一,严重地限制了我国的旅游景区和旅游经济的发展。其次,由于旅游景区本身的特殊性质,在管理中很多发展快,经济稳定的景区遭到哄抢管理,而对于一些效益差的景点,在管理中各个部门都在推卸责任,明显地缺乏有效管理机制,使得景区的规划和未来发展受到了严重地影响。

(二)景区建设模仿跟风严重

我国的旅游景区长期以来都存在着一个问题,那就是雷同的现象比较明显。很多地区由于缺少地方特点,因此就会在旅游项目上照搬照抄其他的旅游景区,使得景区的差异性不大,很难带给游客新鲜感,难以满足游客的需

要。旅游产品的趋同化，势必会造成行业之间的恶性竞争，导致行业的失败率提升，这种景区的经营模式将会让旅游景区陷入恶性循环之中，终究难以得到发展。还有一部分地区，明明有着明显的地域特色，但由于不擅长运用，使得本地的特色资源出现了极大的浪费现象，这种现象同时也对旅游景区的品牌造成了影响，长久以来将遭到行业的淘汰。

（三）旅游基础设施存在缺陷

当前，我国的旅游景区普遍对景区的旅游设施建设比较重视，而对相关的周边基础设施建设比较忽视。例如，景区周边的道路和其他建设规划较差，道路的狭窄和交错等给游客的出行带来了明显的不便，甚至严重地影响着游客的心情。同时，在景点的道路指示和卫生间分布等规划不合理，使得这些基础设施无法真正体现其价值所在。尤其在一些较小的城市，由于经济条件受到限制，在基础设施方面所投入的资金也比较少，导致相关行业的发展存在巨大的漏洞，游客的住行等方面都受到明显的限制，严重地制约着景区的发展。

（四）景区模式僵化

当前我国的旅游景区管理，很大一部分处于政府管理模式。政府对旅游景区所指定的政策和措施中对市场的因素考虑比较少。因此，旅游景区在管理中比较容易出现重资源而轻产品的现象。只看重旅游资源的开发，而忽视对产品的开发，或者在管理思想上比较轻视其他方面的建设，导致我国的旅游景区发展难以健康的发展。虽然我国在对景区的管理上已经在不断地做出改善，同时也在管理模式上呈现出了一定的创新，仍然存在着一定的问题。

二、我国旅游景区管理的发展对策

我国旅游景区的管理存在着大量问题亟须解决，只有解决了这些问题，不断地强化管理手段，才能从根本上改善旅游景区的管理现状，使我国的旅游景区实现可持续性的高效发展。

（一）实行政企联合经营管理模式

对旅游景区的管理应当进行政府和企业的统一管理制度，首先应明确行政主体，建立起主要的行政管理机构。其次，政府可以采取与当地有实力的企业联合的方式来对景区进行管理。利用租赁等形式来实现政府和企业的联手管理，在这个过程中，政府可以选择不参与到直接的管理中，而是建立起监督部门，对景区的日常管理进行监督。

对于景区中出现的一些管理不善或者混乱的问题及时地提出改进意见，或者终止合约，选择更加合适的企业来对景区进行经营管理。通过政府和企业联手管理的形式，可以充分地发挥出双方的优势，两者的统一管理将有效地提升景区的管理质量，使景区发展实现最佳效果。

（二）加强对门票价格的监管

门票是旅游景区的重要经济来源，对门票的价格进行科学的管理和监督，将会提升人民群众对景区的信任度，同时也能保障游客的经济不受到不良影响。对此，政府相关职能部门应尽快对景区的景点加强管理，既要保障景区不出现随意涨价的情况，同时也要保障不能出现为了吸引游客或者恶意竞争而出现随意降价的行为，一定要保持景区门票价格的合理性和稳定性，避免相同类别的景区之间恶性竞争而造成不良影响。

在门票的价格制定方面，应当充分地参考游客的意见，既不能过高也不能过低，根据景区的价值和社会的经济发展变化来适当的调整门票价格。在进行门票价格改动时应当事先向社会进行通报，并且保证在调整价格时要经过严格的审核，一定要严格的控制住肆意调整价格的行为。

（三）做好景区辅助行业发展

景区的完善管理还应充分地考虑到景区基础设施和其他辅助行业的发展。首先应从基础设施方面入手，不断地完善景区内基础设施，科学地规划景区的道路和休闲区域，让游客置身于景区内不仅能感受到轻松，同时还能享受景区给自身所带来的惬意感受，提升游客对景区的整体满意程度。其次，对景区内的植物进行合理的配置，保障景区内的环境能带给人以美的享受。对景区的服务点配置应进行合理的设计，人普遍多的位置上应多设置服务点，而相对人少的位置则设置较少的服务点，保证游客能受到最好的服务，同时也实现了资源的合理利用。

此外，旅游景区的发展离不开相关旅游行业的发展作为支撑，游客往往在选择景区进行游玩的过程中，都会事先考虑到周边的环境和住宿、吃饭等问题，如果这些都很难满足游客的需要，那么游客很有可能会放弃此景区，而选择合适的景区。因此，在景区的发展中，一定要重视起对周边相关辅助行业的发展和建设，加快速度建立起完善的周边环境。同时也应对辅助行业的质量管理加以重视，对服务质量进行定期的检查和监督，保证价格的合理性和服务的优质性，尽最大可能为游客提供优质的服务，以此来提升景区的知名度，促进景区和周边辅助产业的共同进步。

（四）实现景区特色化管理

随着社会的快速发展，景区原有的管理制度和管理理念显然已经无法满足当下的情况，只有不断地创新，才能使景区始终保持活力，才能更好地满足游客需要，从而推动旅游景区的建设和发展。对此，景区的管理者应当提升对景区的认识，以长久的发展眼光来看待景区，做长远的规划，有意识地将景区推向国际化。在管理理念上不仅要重视旅游景区所带来的经济效益，同时也要充分地认识到景区人文环境和生态环境等方面的重要性，从可持续的角度来进行景区的管理，真正地提升景区管理的效果。

此外，很多旅游景区在项目设置上缺乏当地的特色，导致我国很多的景点千篇一律。对此，在景区的旅游项目的开发设计上，应当充分地考虑到当地的人文景观和环境特色等，所设置的内容一定要符合当地的发展特点，争取做到最有特色的旅游项目，带给游客不同的感受，并且真正的体验到当地的风土人情和文化特色。景区也可以开发相关的项目让游客加入到活动中去，在游戏和互动的环节中让游客感受到不同的乐趣，从而真正地融入景区之中，在回家后也回味无穷。这样的特色项目一方面能带给游客多方位的不同感受，另一方面也能有效地提升景区的口碑，从而吸引更多的游客。

综上所述，旅游景区的管理主要是通过有效的手段来对景区进行相应的管理，实现资源配置的优化和人员的优化等，从而在整体上提升景区的价值，创造更多的收益。做好旅游景区的管理工作有着重要的意义，科学的景区管理工作将有利于景区资源的合理开发，这对吸引顾客来说将产生重要的影响。同时还能有效地保护自然资源和当地的生态环境不受到破坏。通过科学的计算来安排游客的合理接待，不断地提升基础设施建设，将对景区的自然环境保护起到重要效果。此外，良好的管理，在带动游客的基础上，将会有效提升景区的知名度，使景区在行业中建立起良好的口碑，从而真正地提升景区品牌形象，对景区的未来发展具有重要的意义。

第二章　旅游景区的品牌塑造和产品创新

目前，我国大多数旅游景区往往是有名无牌，这在很大程度上影响了旅游景区形象的树立、知名度的提高和市场的扩张。品牌不仅仅是产品的招牌和名称，更重要的是必须具有自己鲜明的个性形象和独特的文化底蕴，能让旅游者产生丰富的联想。一个好的景区品牌所暗含的理念必须是完整且具有永恒魅力的，能够满足旅游者的心理和情感层次的需求，并且深入人心。

由于我国旅游业的发展时间较短，管理体制不畅、基础薄弱和市场相对无序等问题在相当长的一段时期内仍是旅游业发展和品牌成长不可逾越的一道屏障。因此，旅游业要完成从数量型、规模型向质量型、集约型经营的转变，还必须要经历一场政企分离、产权重组等方面的深刻变革。在树立品牌意识的基础上，加强品牌管理，掌握科学的品牌经营方法，是我国旅游景区经营面临的课题。

旅游景区是我国旅游业发展的重要载体，随着我国旅游业的快速发展，旅游景区的发展也显示出蓬勃的生机，全国有大小不同的旅游景区 2 万家左右，而且随着旅游景区的数量将不断增加，旅游景区的竞争也将日益激烈，如何开发独具特色的景区产品成为景区经营的重点。

第一节　旅游景区品牌的品牌塑造

一、旅游景区品牌经营的意义和作用

所谓品牌，简单来讲就是商品的牌子，具体表现为通常所见的商标。景区创建品牌是景区进入市场的必然选择。而且景区品牌所带来的地方品牌效应对当地政治、经济、文化的带动作用日益彰显。与此同时，景区品牌的内在含义也在不断丰富，成为企业形象高度浓缩之后加以精心设计，再尽情发

挥市场功能的"标志物"。

（一）旅游景区品牌的含义

景区品牌是指景区经营者为区别于其他竞争者而赋予自身产品或服务的名称、说明、标志、符号、形象设计以及它们的组合。品牌作为旅游景区的"视觉识别"，是景区形象最有效的传播媒介，它将景区组织的理念、精神、思想、方针等主体性内容加以浓缩和充分外化，引起公众的注意，从而给公众留下全面、准确、明了、统一的深刻印象，使之产生认同感。

通常，景区品牌拥有以下共性的特征：

1. 景区品牌

景区品牌必须同所在地的环境（包括政治环境、经济环境、文化背景）相适应，必须同景区自身紧密结合。

2. 品牌商标化

不论是景区的文化品牌还是实物品牌，或者服务特色和创意活动，都必须通过市场的运作，实现商标化。景区企业应该尽可能地将品牌在有关部门注册，这是加强品牌保护、维护景区品牌形象的重要措施。在市场经济时代，遵循经济运作方式是必要的，给品牌注册是品牌存在的前提和基础。

3. 景区品牌与景区企业应该是一个整体

没有完善的经营体制和管理组织，没有企业价值和资源内涵的支撑，没有景区的不断发展、创新，品牌只能是一个空架子，或者停滞不前，或者很快就被消费者遗忘，被市场所淘汰。

4. 景区品牌生命力

景区品牌生命力的最终原动力依靠的是景区组织先进的经营理念，优质的产品与服务，知识与人才的聚集程度以及景区的创新能力。景区品牌的存亡则来自旅游者的满意度和口碑。

（二）旅游景区品牌经营的意义

旅游景区品牌经营具有以下意义：

1. 使景区形象稳固化，并深入人心

旅游品牌是旅游企业向旅游者长期提供的一组具有特色的特点服务标志。

良好的景区品牌通常代表了景区产品的特色和景区本身的企业形象，帮助景区把自己的产品和竞争者的产品区别开来，通过强势的企业形象，锁定目标市场。

2. 使景区的经营管理系统化、统一化

品牌经营在体现企业综合实力、增强大众信任度的同时，对景区企业本身的监督、保护作用也应运而生。

3. 使景区营销战略化、市场化

实施品牌经营不仅是为景区设计一组成功的符号，还需要一些子系统、科学的经营和运作，通过景区经营的战略决策，全方位、分层次地实现经营目标，结合实际的市场竞争，把展现企业经营特色和实力的品牌成功地推向市场，有效地推动景区的营销方针的实施和促销活动的顺利开展。

4. 增强景区的竞争力和生命力

面对层出不穷的旅游景区，游客往往倾向于选择知名度、美誉度高的景区出游。而我们实施景区品牌战略目的就是要通过采取多种切实有效的措施，不断提高景区的知名度和美誉度，以此来带动游客的忠诚度，进而保持景区旺盛的生命力。

5. 带动周边环境的发展与改善

一个知名的景区往往能带动周边环境的良性发展，如增加当地的旅游收入、提高当地居民的就业率、促进当地环境设施的改善等。通过旅游者的流动，形成文化的交流，丰富当地文化生活，以及由此带来延伸效应等。

（三）旅游景区品牌经营的作用

旅游景区品牌经营具有如下作用：

1. 区分识别作用

品牌对景区经营的最直观的作用就是利用鲜明的形象标识同众多的竞争对手区分开来，这源于品牌形式的独特性。例如，可口可乐的"瓶子"，麦当劳的"金色拱门"都具有很强的区分识别功能。

2. 产品实物化作用

旅游产品拥有和一般实物产品不同的特殊性，包括无形产品或者难以量化的实物产品。因此，景区一旦建立了品牌并实现品牌的专利化，其产品便被有形化了，便能得到很好的保护。这与世界遗产中的文化遗产部分有异曲同工之妙。

3. 信息传递作用

旅游景区品牌是景区整体形象的浓缩，可以传达景区的特色、文化、个性，而且简单概括，容易被大众接受。在竞争异常激烈的旅游市场，景区品牌无疑成为旅游者的"速记工具"。

4. 承诺作用

一个成熟的景区品牌就如同景区经营者交给游客的一份承诺书，是对景区服务质量的一种保证，从而减少了消费者的购买风险。但是目前国内的景区还很少有自己唯一的品牌承诺，以达到像4A级景区的认知效果。

5. 情感功能

一个成功的个性化的景区品牌应该具有情感功能。例如，人们一提到迪士尼就会感受到快乐、愉悦、童趣与幻想，脑海中浮现出可爱的米老鼠形象，这就是品牌的情感功能。

二、旅游景区品牌的定位和推广

旅游景区品牌的准确定位和推广得力是景区实现经济效益的保证，对景区的生存和发展意义重大。

（一）旅游景区品牌的定位

要对旅游景区进行科学的品牌定位，首先要弄清其含义及前提。

1. 旅游景区品牌定位的含义

景区品牌定位是指景区所设想的品牌在目标消费者心目中独特的位置。其目的就是争取达到景区所设想的品牌形象与消费者心目中的实际形象相吻合，使消费者产生共鸣。

2. 旅游景区品牌定位的前提

（1）确定目标市场

确定景区的目标市场就是确定目标消费者。景区经营者要搞清品牌定位与确定目标市场的关系，因为两者在操作上记忆混同。一个景区的品牌不只是针对一个目标市场，换句话说，同一目标市场的品牌不止一个。旅游景区通常需要根据不同的游客消费群体确定不同层面的品牌。

（2）分析消费者心理

游客心理的需求和变化是景区定位的一个重要因素。游客出于什么样的动机、持有什么样的态度、受到何种环境因素的影响，都直接影响到景区品牌在游客心目中的印象，以及在大众中的口碑。

（3）分析竞争环境

了解景区所面对的经营对象，还要清楚周围的竞争对手。选择同类型景区，分析其资源、服务、促销手段、营销策略。选择异类型的景区，分析其竞争优势和劣势，寻找未占领的市场缝隙，或避免已经失散的品牌定位，都可以达到事半功倍的效果。

3. 旅游景区品牌定位的内容

（1）品牌文化

品牌文化指品牌背景中的精神层面。景区的品牌文化应该是建立在深度挖掘景观和地区文化积淀的基础上，通过不同载体体现景区所在地的人文价值。品牌文化要以品牌营销为出发点，旨在为旅游者带来丰富的文化体验，增强景区的文化辐射功能，打造品牌的竞争优势和市场地位。

（2）品牌产品

产品是景区品牌的核心内容。产品质量的优劣、产品卖点的定位等都直接决定着品牌的塑造。找准卖点就是要在深入了解景区资源优势的基础上，推出最能代表景区特色、体现竞争优势的产品。

此外，产品的定位一定要有的放矢，给予现实及潜在旅游者独特和完善的利益承诺。同时，还要意识到建立与维系品牌的关键是良好、稳定的服务，不围绕服务做文章就创造不出优质的景区产品，也就难以打造品牌，可以说优质的服务产品是打造景区品牌的基础。

（3）品牌价值

消费者购买景区产品是为了获得享受和体验，感受景区所提供的服务，因此确定促使旅游者做出购买决策的利益价值，也是产品定位中要考虑的重要因素。景区欲打造的产品能够满足旅游者期望得到的那些功能性利益和情感性利益，确定着景区品牌的深层次卖点，是景区明确品牌定位、强化品牌识别和竞争优势的决定因素。

（4）品牌管理

建立品牌管理制度，建立品牌经营系统的组织结构，对管理的每个环节制定标准化管理制度，实施控制细则，是品牌管理的基础。现代景区经营管理中还应做好对品牌的保护以及中长期规划，使这个无形资产得到有效的利用。良好的景区品牌需要来自管理内部的多方面综合支持，以达到不断积累景区品牌资源和强化景区持续竞争优势的目的。

4. 旅游景区品牌定位的误区

目前，国内景区品牌定位中容易出现以下几种失误。

（1）定位过高

中国人传统观念中喜欢求大求全，在国内很多地方景区中也存在这样的问题，只求"第一""最大""最古"，完全不顾自身实力，以致过分夸大，让游客产生名不副实的失落感，市场声誉一落千丈。因此，结合自身特点，寻找消费群体进行恰当定位，是品牌经营的基础。

（2）定位混乱

品牌定位需要针对一定的目标群体，才能有的放矢。以主题公园为例，深圳锦绣中华采用微缩景观，浓缩世界建筑净精华，其目标市场可以定位在相对较广的范围；而深圳欢乐谷则是以自己的个性为游客提供新、奇、特欢乐体验的乐园，并通过多种方式不断满足消费者参与、体验新型娱乐的需求，它的品牌受众就应该定位在喜欢冒险刺激的青少年群体。还有一种情况，就是景区在调整品牌定位的过程中，切忌变来变去，干扰大众的印象记忆，这样不但没有达到创新的效果，反而使景区品牌失去了原有的价值。

（3）定位缺乏吸引力

我国地大物博，资源类似的景区不在少数，比如自然景区，大家如果一窝蜂地叫作"北方小江南""绿色氧吧""原始森林博物馆"等相似的品牌宣传语，难免会造成旅游者的"品牌"疲劳，使人无法把不同景区的品牌区别开来，这样的品牌定位无疑缺乏吸引力。

（4）定位过于表面

景区往往涉及丰富的历史文化遗存或文化精神内涵，在品牌定位时需要以此为形象的根本和基础，不能仅仅停留于表面。

品牌定位作为品牌塑造过程中的首要环节，主要解决了景区品牌的发展方向问题。景区在确定自己的品牌形象时，必须充分分析自身特点，了解竞争对手,既要熟知产品的特点和它所适合的消费群体,以及产品给旅游者带来的独特感知和新鲜体验;又要调查目标市场中已经拥有一定影响力的品牌的定位和特点,从而进一步细分市场,决定是开辟新的目标市场还是寻找已有市场的空白和缝隙。符合产品特色、适应市场需求的品牌形象,才能最终赢得客源。

（二）旅游景区品牌的推广

旅游景区品牌的推广可采用广告与公共关系,或其他的方式。

1. 广告

广告是景区品牌推广的一般方式,它通过各种媒介使景区品牌形象的受众范围不断扩大,达到推广传播的目的。广告推广具有公开性、覆盖性、复制性等特点,是最为普通的推广方式。

广告宣传包括以下方式：

（1）广告媒体,如报纸、杂志、广播、电视、电影、网络等；

（2）印刷品广告,如招贴画、宣传册、旅游手册、地图、路线图等；

（3）电子宣传品,如VCD风光片、电子触摸屏、网络动画等；

（4）室外广告,如广告牌、交通工具广告等；

（5）其他形式,如旅游形象大使、节庆活动、营业推广、策划主题活动等。

2. 公共关系

公共关系是指通过新闻报道和对社会公众活动的参与而进行的品牌传播,并由此建立品牌与公众之间的沟通和互动关系。以公众为对象,以沟通为手段,以互惠为原则,以促进与不同公众的良好关系、树立景区的良好形象为目标,是景区公关宣传的内在含义。

景区公关推广可以采用以下不同形式：

（1）宣传公关

利用传播媒体和手段,向社会公众宣传展示自己的发展成就和公益形象,在公众心目中建立良好的社会印象和舆论导向。

（2）交际公关

景区通过与公众联络感情、协调关系、化解矛盾等直接接触、建立良好的人际关系。比如现场咨询、建立意见反馈渠道等,这种方式对于增强游客对景区的忠诚度,扩大景区声誉有显著作用。

（3）社会公关

景区通过举办各种具有社会学、文化性、公益性或者体育参与性的活动，提升景区的社会知名度和品牌价值，塑造景区良好的文化形象。

（4）征询型公关

通过采集信息、舆论调查、民意测验等方式，为景区的经营管理决策提供可参考的客观依据，了解影响游客选择购买的潜在因素，以不断完善景区的形象。这是景区营销的间接性手段。

（5）服务型公关

景区为公众提供的热情、周到和方便的服务本身就是良好的公关模式，既在感受不着商业痕迹的直接服务中起到了即时刺激消费的作用，又能在旅游消费者的口碑效应中达到扩大销售的目的。

3. 其他方式

利用各种旅游交易会、展览会、展销会、推介会、专业论坛会等形式，与游客、社会公众沟通交流，以增进公众对景区的认同和了解，建立稳定的客户关系和良好的服务营销体系。

公共关系活动的模式可以是多样性的。在景区经营运作中，应时刻关注市场的巨大潜力和变化，适时调整公关策略和方法，抓住进攻市场的时机，增强抵御风险和突发事件的能力。

三、旅游景区品牌经营的策略与创新

（一）旅游景区品牌经营的策略

旅游景区品牌经营的策略包括多品牌策略、品牌系列化策略和品牌授权。

1. 多品牌策略

多品牌策略就是景区结合自身资源的不同特征，针对不同的消费层次提供不同的适合消费者需求和心理特点的品牌系列，以便通过差异化品牌之间的互补效应实现企业品牌资产的最大化。景区多品牌经营策略要遵循以下两点：

（1）以目标市场的多样化为导向，在实现差异化品牌营销的同时，注意维护产品和企业的整体想象，切不可削弱主体的有生力量。

（2）针对不同目标群体实施灵活的景区产品组合，充分发挥景区资源的潜在优势，注意扬长避短、互相补充。

2. 品牌系列化策略

景区品牌系列化是在建立了一定品牌实力的基础上，利用品牌的知名度和号召力扩大品牌的经营范围和内容。在发展品牌的同时，扩大产业规模，取得综合经济效益。在市场经济环境下，系列化经营无疑可以增强景区自身实力，提供可持续发展的保证。

系列化战略还可以利用现有品牌的知名度把品牌名称运用到新类别的产品上，这种品牌延伸的策略，可以缩短旅游消费者接受新产品的过程，节约宣传成本。

3. 品牌授权

品牌授权是授权自己所拥有或代理的商标或品牌等，以合同的形式授予被授权者使用，被授权者按合同规定从事经营活动，并向授权者支付费用。景区品牌授权可以通过景区企业主动地、有计划地输出品牌、输出管理，达到与被授权方之间的优势互补。

迪士尼公司在全球拥有4000多家品牌授权企业，其产品从最普通的圆珠笔到价值上万美元的手表应有尽有。我国的景区可以通过品牌授权的经营策略解决资金运作的不足，使品牌真正实现市场化运作。品牌授权推广是精细、复杂且专业化要求极高的执行过程，所以要加强对最好品牌的法律保护，加强品牌的管理监督，确保景区品牌的持续生命力。

（二）旅游景区品牌的创新

创新是景区发展的不竭动力。景区在经营、推广品牌，不断丰富品牌内涵的同时，也要根据经营环境的变化和旅游者需求的变化，深层次地挖掘景区产品的内涵，不断进行品牌创新。我国的旅游景区虽然还不成熟，但却拥有比以往更加广阔的发展空间和更加成熟的旅游消费者，创新发展毋庸置疑。

深圳欢乐谷于1998年开业，为华侨城控股股份有限公司（以下简称华控公司）下属企业，在探索主题公园发展的新思路时，欢乐谷以不断创新、与时俱进为根本宗旨，先后完成了一期、二期和三期的建设，在发展新型主题乐园的道路上，用智慧打造欢乐的梦想，引领了一系列的经济现象，其发展创新经验对中国旅游业的建设具有一定的启示意义。在此，以深圳欢乐谷为例，从品牌战略、品牌策划、品牌管理、品牌产品和品牌服务五个方面分析景区品牌的创新。

1. 品牌战略创新

战略创新是现代主题乐园实施战略管理的根本。欢乐谷倡导持续发展——"常建常新"，让游客"常看常新"，并先后制定了欢乐谷三年形象工程和欢乐谷五年发展战略。随着经营环境与市场竞争的日益严峻，欢乐谷通过全新的资源整合、产品发展空间的延伸、经营模式的拓宽，由一个白天经营的乐园成为一个全天候经营的乐园。不仅如此，2004年欢乐谷与华控公司整合，成为华控公司的核心企业，为华控公司构筑了一个输出管理的平台；2004年，收购欢乐干线；2005年，玛雅水上公园免费开放。欢乐谷在自身建设上通过不断地扩充项目，丰富了产品资源，由"水陆"公园成为"海陆空"产品资源俱备的主题乐园。

欢乐谷的综合战略决策经验是，首先从企业发展的战略高度出发，把对外的宣传提升到为企业品牌服务的高度，对企业品牌进行维护及管理；其次，每年投入约5000万元资金用于改造和新建项目，提高景区产品、环境品质，不断为游客提供新、奇、特的游乐体验和安全优质的游乐服务；最后，努力开发新业务，在核心游乐产品方面，融合多种娱乐元素，开发健康、阳光的都市娱乐生活方式，在附加产品方面，充分利用欢乐谷网站资源，开发与乐园产品相配套的网络游戏。

2. 品牌策划创新

策划创新是主题乐园立足市场的一个重要因素，系列化的大型体验性活动的开展，是其市场制胜的法宝，目的在于培育市场卖点、消费热点和利润增长点。欢乐谷的策划创新，体现在三个方面：

（1）主题节庆活动

多年来，欢乐谷坚持将五大节庆活动作为大品牌下的子品牌来经营，注重把握国际娱乐的潮流和脉搏，将"时尚文化"与"本土文化"有机结合；每一个主题活动都结合欢乐谷品牌内涵的某一个元素来展开。比如：新春国际滑稽节体现欢乐吉祥，暑期玛雅狂欢节体现激情狂欢，国际魔术节体现神秘与梦幻，等等。按照"一项活动、一个品牌、一家媒体"的办节思路，将主题活动做出声势和特点，进一步丰富、强化和再现主题，达到"大节造影响、小节做市场"的拉动效果,从而做大做强欢乐谷品牌。

（2）与媒体的合作

欢乐谷通过制造有"热点新闻"效应的事件,有计划地策划、组织、举办活动,或寻找与企业自身相关的结合点,推出欢乐谷的旅游产品或个性化服务,吸引媒体和社会公众的注意与兴趣。如：承办中央电视台"中国篮球最佳阵容颁奖晚会"；与星空卫视主办《星空激情夏令营》；与深圳电视台举办新加坡电视剧《奔月》明星见面会；与深圳电台音乐频道联合举办"星工场"歌友会；与共青团深圳市委、深圳地铁有限公司举办"深圳地铁建设者活动"等等。

（3）倡导"零距离"互动表演的概念

从欢乐广场到金矿镇舞台,从金枪鱼广场到东巴舞台,从影视表演到魔幻剧场,处处分布着专业的表演台,天天上演街舞表演、乐队演出、哑剧表演、极限运动表演、魔术与杂技表演及夜光大巡游等特色的演出；还有活泼可爱的欢乐谷卡通人游走在园区各处与游客嬉戏,装扮夸张的小丑做着滑稽的动作与游客逗趣。这些无不表现出欣赏者与表演者之间的"零距离",体现了欢乐谷艺术表演的创新精神。

3. 品牌管理创新

管理是基础,执行是关键。深圳欢乐谷通过规范管理制度,统一经营理念,强化过程监督,有效提升企业执行力。围绕管理创新和企业发展两大主题,先后实施"三个导入、三个体系",构筑了一个有利于持续改进的管理平台,以提高景区管理水平和核心竞争力。

（1）导入ISO9001质量管理标准,构建公司管理体系

公司从2001年9月开始导入ISO9001质量管理体系,运用ISO的思想,全面梳理各项管理制度,不断补充、修订、完善工作程序和岗位操作流程,使之成为一套统领公司运行的管理标准体系,从安全、成本、服务三个方面指导管理工作,指导公司整体的运营管理。

（2）导入国际先进的顾客服务圈理念,建立服务标准体系

关注游客需求,追求游客满意,树立"游客满意"为最高价值导向的服务理念,一方面优化内部服务流程,另一个方面倡导二线服务一线,一线服务游客,管理服务现场。2004年,结合《华侨城旅游服务标准》和欢乐谷企业文化倡导的"三先五会"精神,对景区各岗位进行研究,总结经典案例,

编制服务标准手册作为公司培训的教科书，并在实践中进一步强化服务标准。

（3）导入"领班行动"战略，搭建人才培养体系

为全面提升企业管理品质，坚持以管理创新的思维培养干部，通过"圆桌会议"、管理干部轮换、国外考察等方式，培训企业核心竞争力，将管理人员的培训对象扩展到基层领班，以"以一带十、全面提升"为指导思想开展"领班行动"。由此突破了主题乐园人力资源管理的瓶颈，延伸了管理链条，形成了高层、中层和基层三个层面的管理模式，初步搭建起欢乐谷人才梯队培养体系。作为旅游企业，欢乐谷始终把安全置于首位，并贯穿于全过程。坚持"安全第一，预防为主"的方针，紧紧抓住大安全的概念。一是牢固树立安全防范意识，学习掌握安全知识和消防技能；二是进行安全知识的培训与考核。

目前，欢乐谷资产管理工作也逐渐步入规范化的管理轨道，针对公司各类重点资产，出台专项的管理规定和工作流程，引用安装资产管理软件系统，形成一套完整的资产管理制度。

同时，公司还建立健全与企业发展相适应的科学的绩效考核管理机制，为人力资源管理提供实践的操作平台；促进人才的合理流动、优胜劣汰，吸引、激励人才，并将各部门相关的安全管理、资产管理、预算管理等各项工作的考核纳入到各级绩效考核中。

4. 品牌产品创新

1998年欢乐谷一期项目的建成开业，体现了华侨城集团旅游产品的新突破，实现了由观赏性公园向参与、体验型主题乐园的转型；2002年，欢乐谷二期成功进行了产品的提升和完善，在规划及项目设计方面始终遵循"体验即是生活，生活即是体验"的现代休闲理念，在原有基础上新增四大主题区，全新引进一系列高科技游览设施，强化满足游客参与、体验新型时尚娱乐的需求，达到扩展了市场的空间和份额，为欢乐谷"动感、时尚、欢乐、梦幻"的品牌形象奠定了坚实的基础；2005年"五一"节，欢乐谷三期"欢乐时光"项目一炮而红，欢乐谷品牌再次升级，三期的开放为欢乐谷品牌注入了新的内涵，推出"都市娱乐中心"的全新品牌定位，提出"繁华都市的开心地"的品牌口号，并运用"欢乐嘉年华"形式进行每天宣传，通过旅游产品娱乐化，开创了全新的旅游模式，使品牌概念进一步清晰，定位更加准确。

在产品创新的同时，公司通过投入资金，完善硬件设施，增加新项目，丰富旅游产品，维护园区面貌，对老项目进行改造等一系列措施，提高了游客的满意度和重游率，保持了企业的市场竞争力。

5. 品牌服务创新

严格的经营管理、优质的服务与先进的硬件设施相配套，是欢乐谷追求的目标和发展的保证；让游客安全、愉快、满意，是景区每一位服务人员的自我要求。通过对与主题乐园相关的细节进行仔细研究，欢乐谷形成了一套综合管理与运作的支持服务体系。

首先在实施旅游行业服务质量等级标准的大前提下，做到共性服务、个性化服务和差异化服务相结合，充分发挥各岗位员工的主观能动性，做到"个性服务主动化、服务规范标准化、工作流程程序化"。通过"先注视、先微笑、先问候"三先服务、主动服务、特殊服务，解决服务工作各环节中的"关键时刻"，最终提高游客满意率，发展忠诚的游客。

安全是企业的生命线，安全被欢乐谷作为服务质量的第一标准。在设备安全方面，从项目排队区开始，即有明显的游客告示和排队时间表，提醒游客排队的时间和游玩的注意事项，在每一个貌似恐怖的大型游乐项目运行中，都有解说员不停地介绍周围的环境、即将要出现的目标和新的感受，使得游客有足够的心理准备顺利游玩。针对南方天气炎热的情况，欢乐谷在园区各景点增加了喷雾风扇，让游客在游玩的同时，能够感受到丝丝的清凉。

2005年夏季，公司实行"细节行动"，举办"千人共读一本书"——《细节决定成败》活动，进而在暑期完美实行"细节行动"——从一点一滴做起，用心与游客交流，真心为游客着想、热心为游客服务，关注细节，提升服务品质，提升欢乐谷的核心竞争力。在关注安全、资产、服务和现场工作的同时，确立"细节决定成败，品质决定兴衰"的经营服务理念。

欢乐谷本身是创新的产物。没有创新，就没有今天的欢乐谷。无论是主题乐园还是其他类型的景区企业，创新都将成为其发展的动力之源，唯有坚持不懈地进行更新改造，与时代同步，以创新求发展，以规模创效益，追求规模经济，才能保持旺盛的生命力。

第二节 旅游景区的产品创新

一、旅游景区产品的概念和类型

旅游景区产品是景区经营的核心,是决定景区成败的关键,独具特色的景区产品能够激发旅游者的旅游动机,进而引发旅游者的旅游需求。

(一)旅游景区产品的概念

旅游业属于服务业,现在人们大多认为服务业产品实际上是有形制品与无形服务的综合,因此,作为旅游业的组成部分,旅游景区产品也被认为是有形产品与无形服务的综合。

无论是自然景观还是人文景观都是有形成分与无形成分的综合,如泰山虽是有形的,但是游客登泰山所产生的乐趣则是无形的;海滨虽是有形的,但与同伴漫步在海滩的浪漫则是无形的;像迪士尼乐园这样的主题公园则是由游乐项目这样的有形成分和乘坐游乐项目所产生的刺激、恐惧等无形成分所组成的。再比如,博物馆中的展品虽是有形的,但是旅游者通过展品的欣赏所获得的感受以及对历史的回顾则是无形的。

旅游景区产品一般包括三个层面:核心产品、有形产品和扩展产品。核心产品是旅游者购买的基本对象。它由对旅游者核心利益的满足而构成,即旅游者通过对产品的购买可以满足自己的核心利益。有形产品主要指产品的特色、品牌和质量等。扩展产品包括游客可以得到的有形和无形的附加服务价值和利益。扩展产品是"解决旅游者所有问题的组合产品",甚至把旅游者还未想到的问题纳入其中。

旅游景区产品作为服务产品和旅游产品,具有以下几个特点:

第一,向旅游者提供服务的员工本身就是景区产品的一部分,因此员工的个人形象会直接影响旅游者的旅游经历,从而影响旅游者对景区产品的看法。

第二,旅游者参与产品的生产过程,旅游景区产品在某种程度上按照旅游者的具体要求来生产,因为不同年龄、不同职业的旅游者对旅游产品的看法是不一样的。

第三，旅游景区产品具有不可储存性，它无法像实物产品那样储存起来，等以后再销售使用。在某特定时间内没有售出的服务产品将不复存在。

第四，旅游景区产品具有不可试用性，旅游者通常是经别人介绍或者认可景区良好的企业形象而决定购买景区产品的。

第五，旅游景区产品具有不可移动性，物质产品生产出来后可以经过运输环节送到消费者所在地，旅游产品进入流通领域后，却仍固定在原来的空间位置上，旅游者只能去产品所在地进行消费。

第六，旅游者只享有旅游景区产品的暂时使用权，旅游者购买了景区产品，只是拥有对景区产品的暂时使用权，它的所有权并没有发生转移。

（二）旅游景区产品的类型

旅游景区发展到今天，其产品的类型已经出现多样化发展的趋势，但是每一种景区产品给旅游者带来的旅游经历和感受都是各不相同的，因此，了解每种景区产品的类型及特征，对景区的经营至关重要。目前常采用的景区产品分类方法有如下几种：

1. 旅游景区产品的阶段类型

按照旅游景区产品的发展阶段不同，可以把旅游景区产品划分为人文自然景观型、人造景观型和科技参与型三类。

人文自然景观型产品主要借助本地资源特色，以自然山水景观和名胜古迹为载体，它是早期旅游的主要形式，并且延续至今。人文自然景观型产品因借助本地特色，开发成本相对比较低，但是它受地域的限制，故有明显的局限性。比如，泰山位于山东省中部，泰安市之北，为我国五岳之东岳。泰山不仅有雄起壮丽的山势，而且有众多的文物古迹，是一座集自然景观与人文古迹为一体的旅游景区，属于人文自然景观型产品。

人造景观型产品主要借助投入产生轰动效应，对世界各地自然人文景点进行移植荟萃，目前它是景区发展的主流。人造景观型产品一般可以突破时空的限制，但是人工痕迹比较明显，难以产生持续的吸引力。20世纪90年代初在美国佛罗里达州的奥兰多市所建的锦绣中华园就属于此种类型。该园是迄今在国外规模最大的中国文化主题公园。长城、兵马俑、敦煌莫高窟等60多个中国著名文化古迹和自然景观荟萃一园。但是，由于它未能满足美国游客的需求以及其他方面一些原因的影响，目前已经停止营业。

科技参与型产品强调游客的高度参与，在旅游景区中引入高科技的休闲娱乐项目，它代表未来旅游景区的发展方向。科技参与型的产品彻底突破了时空的限制，为旅游者营造了一个充满戏、意、趣的崭新的文化空间，位于香港的迪士尼主题公园就属于此种类型。它占地126公顷，于2005年9月12日正式开业，在这个迪士尼乐园里各种高科技的娱乐项目应有尽有，特别强调游客的参与型。

2. 旅游景区产品的功能类型

按旅游景区产品的功能不同划分为陈列式、表演式和参与式。陈列式观光游览是以自然资源风景名胜与人文历史遗址为主要内容的，它是最基本的旅游形式。陕西省华山旅游景区即此种类型。西岳华山位于距离西安市100多公里的华阴县城南，海拔1997米，以险峻著称。华山又是道教圣地，山上现存72个半悬洞，道观20余座。秦汉以来，和华山有关的道教神话传说广为流传，现存200余种。其中以"劈山救母""巨灵劈山""吹箫引凤"影响最为深远。隋唐以来，李白、杜甫等文人墨客咏华山的诗歌、碑记和游记不下1200余篇，摩崖石刻多达千余处。

表演式展示主要满足旅游由"静"到"动"的多样心理需求，以游乐为主要内容。参与式娱乐相关活动以游戏娱乐和亲身体验为主要内容，强调旅游者的自主原则，这种景区产品可以形成对旅游者的持久吸引力。

二、旅游景区产品创新的方法和途径

旅游景区产品和其他旅游产品一样都是具有生命周期的。旅游景区产品从正式投放市场到最终退出市场，一般要经历投入期、成长期、成熟期和衰退期四个阶段。正是由于旅游景区产品具有一定的生命周期，为了延长旅游景区的生命，就必须不断地对景区产品进行创新。

（一）旅游景区产品创新的方法

1. 景区产品的主题创新

无论是人文自然景观还是人造景观以及科技参与的景区，都必须有贯穿该景区产品的主题，主题是景区经营的灵魂。但是，目前有一些景区产品在主题的确定上缺乏特色，主题雷同的情况时有发生，而且不能体现景区深刻的文化内涵。这样不仅造成了旅游资源的浪费，而且会使旅游者对景区形成不良的印象。因此，在主题的确定上，必须突出景区的特色，避免雷同，同时还要充分挖掘景区深层次的文化内涵。

以海南省为例，名山不是它的优势，因为它争不过泰山、黄山；论名胜古迹，它争不过北京故宫和长城、西安兵马俑，在这种情况下，海南省立足本省的资源优势和地理位置推出了海滨度假旅游产品、温泉休闲旅游产品、民族风情观光旅游产品等，收到了良好的效益。又如，阿根廷的旅游基础设施并不完善，但在这种情况下，政府并没有花大力气改善本地的基础设施状况，而是因地制宜，开发"探险"旅游项目。让旅游者徒步穿越神秘的原始森林，或是去原始部落采风等。阿根廷以其独具特色的旅游产品，吸引着来自世界各地的旅游者。

2. 景区产品的功能创新

景区产品按照功能的不同划分为陈列式观光游览、表演式展示和参与式娱乐相关活动。陈列式观光游览主要满足旅游者视觉上的需求；表演式展示是在这个基础上的一个提升，也就是旅游者在观光的基础上可以欣赏到歌舞表演等节目，如旅游者去西安华清池游览时，就可以欣赏到仿唐歌舞表演；参与式娱乐相关活动是对表演展示的发展，它让旅游者参与到旅游活动中去，共同形成热烈欢快的气氛，让旅游者在娱乐中得到放松。

随着社会的发展，大多数旅游者都对参与性比较强的旅游景区感兴趣。但就目前情况而言，我国大多数景区，无论是自然景观还是人文景观都没有对产品进行深层次的开发，向游客提供的产品仅能满足游客单方面的需求。如果这些景区也能开发出一些参与性比较强而且符合景区本身特色的旅游产品，定能增强景区自身的活力。

位于陕西省西安市的古城墙是明太祖朱元璋洪武三年（1370）在隋唐"皇城"遗址上历经8年扩建而成的，原是一座古代军事防御设施。现存的整个城墙建筑高大宏伟、气势恢宏，是古代西安的标志性建筑。目前城墙每年接待游客数百万，但是随着旅游者需求的变化，单纯的"游墙"活动已经不能满足旅游者的需求，旅游者开始对这种单一的景区产品感到乏味。在这种情况下，西安环城建设委员会的工作人员本着保护与开发并重的原则，参照古礼中的迎宾礼和盛唐时期的仪规并融合古代民间礼仪，策划出"仿古迎宾入城式"旅游精品，使旅游者由单纯的"游墙"变为全身心地投入，同时也可以使游览者亲身领略到中华民族的历史文化风采。"仿古迎宾入城式"无论是在节目的编排，还是音乐的设计上，都达到了较高的水平，产品一经推出，就收到了很好的社会效益和经济效益，还被誉为"中华迎宾第一式"，先后接待过多位国家领导人和外国元首，如美国前总统克林顿、泰国王后诗丽吉及新加坡前总理吴作栋等。城墙推出的这种景区产品之所以能够获得成功，最主要的原因是"仿古迎宾入城式"是集观赏性、趣味性、参与性于一身的景区产品，不仅突出了城墙深厚的文化内涵，还满足了旅游者的旅游需求。

"仿古迎宾入城式"的成功，给我国大多数景区产品的开发提供了经验。在对景区产品进行功能创新时，一方面要立足市场，因为只有满足市场需求的产品才是适销对路的产品；另一方面要注重景区特色和文化内涵的挖掘。

3. 景区产品的结构创新

目前，我国景区产品存在的主要问题是，产品结构单一，难以满足旅游者多方面的需求，不能对旅游者形成足够大的吸引力。景区产品结构创新就是在现有景区产品的基础上开发新的景区产品，以满足旅游者多方面的需求。

我国旅游业在发展的初期，旅游产品大多数是观光型的，随着社会的发展，各种度假型的旅游产品、商务型的旅游产品也开始出现并得到一定程度的发展，但是它们所占的市场份额还很小，有待于进一步完善产品的结构。

位于深圳的世界之窗是许多去深圳的旅游者首选的旅游景点。近年来，景区立足市场，不断引进新项目，完善和丰富景区旅游产品。不仅利用节假日举办各种大型活动，而且还进行了体育和旅游相结合的尝试，如合作举办了全国公路轮滑公开赛、全球散打搏击拳王争霸赛、全国健身小姐大赛等。

景区产品在进行结构创新时，应注重丰富产品的类型，形成景区产品体系，注重塑造景区产品的精品形象。

（二）旅游景区产品开发的途径

旅游景区产品开发有以下几种途径。

1. 开发全新产品

全新的产品是指为了满足旅游者某种新的旅游需求而开发的旅游产品。目前随着人们生活水平的日益提高，旅游者的旅游需求也有了一定程度的改变，以前单纯的观光旅游产品已经不能满足旅游者的需求，因此许多旅游企业的经营者出于自身利益的考虑，开始向市场推出各种各样新的旅游产品，如商务旅游产品、体育旅游产品等。

位于贵州省的茅台酒厂围绕酒文化这个主题，利用茅台酒的品牌效应和独具特色的工业资源，向市场推出了酒文化旅游产品，使工业旅游成了贵州省旅游产品的精品之一，并基本形成了特色文化旅游产业体系。这项旅游产品的推出不仅促进了当地旅游业的发展，而且还带动了区域经济的持续增长。

一般而言，全新旅游产品的开发周期比较长，而且所需的投资和风险都较大。

2. 换代新产品

换代新产品是在对现有的景区产品进行较大的改革后而形成的产品。如原来景区为观光游览产品，现在在此基础上，开发一些参与性强的娱乐产品，使旅游者在看的同时，还能参与其中，享受旅游的乐趣。如西安古城墙推出的"仿古迎宾入城式"就属于换代新产品，它并没有摒弃原来的观光游览，而是将二者很好地融为一体。西安临潼的华清池也是在其产品的基础上，增加了仿唐歌舞表演，使得景区产品的文化内涵更加突出。

3. 改进新产品

改进新产品是指对景区的产品只进行局部形式上的改变，并不进行重大革新。来意普公园是英国最大的公园，游客在其中能够获得愉快、刺激、满足和自我发展。20世纪90年代初的时候，来意普公园针对市场需求重新设计和改变了园内活动内容和项目，并制定了新的价格政策。成人票价为6.50英镑，儿童和老年人票价3.50英镑，残疾人票价4.5英镑。一般情况下，成人票定在7英镑比较合适，但是由于"7"这个数字会使客人产生一种不吉利的心理障碍，而如果定得高于7英镑，又会减少游客的数量，因此来意普把成人票价定为6.5英镑。

4. 仿制新产品

仿制新产品是指旅游景区经营者对市场上已经存在的产品进行模仿。在我国经济迅猛发展的今天，我国旅游产业也呈现出蓬勃发展的趋势。作为人们娱乐休闲的主要游玩方式——主题公园，也正日渐成为多数旅游者的出游选择。因此，许多地区开始兴建各种各样的主题公园。

目前，我国各种主题公园类型丰富多样，不仅有许多完全是人为塑造的游乐园，比如深圳华侨城、杭州宋城、锦绣中华民俗文化村、华夏影视城等；也有各种以自然人文资源为基础衍生的各种公园，包括各种动植物园、森林公园、温泉公园、文化公园、地质公园、海洋公园、城市公园和历史文化公园等。

三、旅游景区主题产品的设计与策划

旅游景区主题产品是景区产品的一个重要组成部分，如何对景区的主题产品进行策划是许多旅游景区应该考虑的问题。

（一）旅游景区的主题产品

作为景区的主题产品，应该既能突出景区的特色，又能体现景区的文化性，因此旅游景区的主题产品应该根据旅游景区的性质以及旅游者的需求来进行开发。但是，就目前情况而言，我国旅游景区主题产品的开发还存在以下一些问题。

1. 主题重复

在有些地方，同一文化被多个景区利用，同一名人的遗址、遗迹多处可见，且内容与形式都有相似的地方，使景区产品毫无特色和新意。

以红色旅游产品为例。红色旅游，主要是指以中国共产党领导人在革命和战争时期建树丰功伟绩所形成的纪念地、标志物为载体，以其所承载的革命历史、革命事迹和革命精神为内涵，组织接待旅游者开展缅怀学习、参观游览的主题性旅游活动。2004年底，中共中央办公厅、国务院印发了《2004—2010年全国红色旅游发展规划纲要》，引起了我国范围内的"红色旅游"热潮，各地都兴起了红色旅游建设的高潮，红色旅游在加强爱国主义教育、推动革命老区经济发展等方面都起到了非常积极的作用。

然而，在红色旅游火爆发展的同时，也存在着诸多问题：首先是红色旅游景区的主题产品不突出，产品开发方式简单化、程式化的道路，没能融入当地特定的历史文脉及地域文化中，特色不明显，许多旅游区的景点都是博物馆陈列，没有根据市场的需求和旅游资源的特点来进行开发和配置，旅游产品组织呈现混乱的局面，对游客很难产生较强的吸引力；其次是各地红色旅游的产品内容单一，缺少对资源的整合，没有形成系列的配套产品，导致游客的停留时间短，很多游客在草草参观了几个红色旅游景点后，即打着"爱

国主义教育"的旗号游山玩水,红色旅游变成了"公费旅游",从而导致旅游区的旅游资源利用率低,旅游经济效益不明显,再加上大多数红色旅游区管理体制的不完善,各自为政,导致在对外宣传促销上不能统一协调行动,大大削弱了宣传促销的力度,不利于扩大和提高红色旅游区的吸引力和知名度。总的来说,红色旅游区的旅游产品存在着产品单一,主题模糊,相关配套设施建设乏力等问题。

2. 功能单一

随着社会的发展,游客的旅游需求开始出现多样化的趋势,但有些景区的主题产品不仅不能满足游客多样化的需求,而且已经落后于时代的发展。尤其是一些文物古迹,其参与性一般都比较差,很难对游客形成较强的吸引力。针对这种情况,有关景区应该合理利用景区资源,开发适合旅游者需求的旅游产品。比如,秦始皇兵马俑在其核心产品的基础上,可以新增一些游客可参与的活动,如"秦俑古代制作流程演示",可以让穿着秦代服装的"劳工"进行制作演示,旁边辅以做监工的"秦代士卒",再现秦俑制作的历史场景。同时也可以让游客参与表演,这样可以进一步加强游客对历史的记忆。

(二)旅游景区主题产品的策划

1. 旅游景区主题产品策划的原则

(1)突出景区的特色

旅游景区主题产品在进行策划时,必须具有自身的特色,如西安旅游产品在策划时,可以突出其古都的特色,不论是在城市布局上,还是建筑物的形式、颜色和体量上,都应该如此;而深圳在进行产品策划时,则应该突出其现代化的气氛。有这么一句话:看五千年的历史到西安,看两千年的历史到北京,看一百年的历史到上海,看二十年的历史到深圳。不同的城市具有不同的历史和氛围,如上海为现代大都市,桂林为山水城市,苏州为园林城市,等等,因此在产品的开发上,也应该突出其各自的特点。如西安临潼的华清池,20世纪80年代发现了唐玄宗、杨贵妃曾经沐浴过的汤池遗址,随后,工作人员在遗址上修建了唐式建筑物。这样既能使遗址得到保护,又便于游人参观。华清池里的建筑物多是唐式建筑,这样不仅与遗址相协调,又与华清池的其他建筑物相协调。这样的开发方式非常值得许多景区借鉴。因为它既能保持原有旅游资源的特色,又会使原有的特色更加鲜明。

（2）体现景区的文化性

无论是自然旅游资源还是人文旅游资源，都具有一定的文化属性。如自然旅游资源中的泰山，它之所以著名，除了本身所固有的魅力外，许多文化因素也为它增辉不少，帝王将相的封禅、文人墨客的游览都给泰山留下了许多宝贵的历史古迹。而人文旅游资源则更具有深厚的文化内涵，像陕西秦始皇兵马俑、北京的故宫等等。因此，景区在以旅游资源为依托进行产品开发时，一定要体现景区旅游资源深厚的文化内涵。

众所周知，红色旅游产品是一种文化旅游产品，文化性是产品生命力的精髓，只有保持旅游产品的文化好了，才能使旅游产品长盛不衰，但目前许多红色旅游景区对旅游资源的开发主要还是以革命遗址为主，旅游形式以参观游览为主，参与性项目开发较少，旅游开发缺乏深度，革命遗址、旧址、纪念馆大多以展示形式为主，展示内容单调、僵硬，不能发挥红色旅游资源的教育功能，更不能推动旅游经济的发展。因此，深入挖掘红色文化核心价值，凸显红色文化主题已经成为打造红色旅游产品工程的首要问题。要逐步改善和提高革命圣地和纪念展馆的档次，改变简单的图片展示和橱窗式的文物陈列，使表现手段更加科学化、现代化，如可采用声光电结合的半景画、全景画等；要注意历史与现实的结合，除了组织对实物、遗址的参观外，也可以安排定时的有关历史的影视、晚会专场；要考虑适当增加参与性内容，策划当年革命者工作、战斗、生活、劳动的场景，吸引旅游者参与和体验；要提高导游的讲解能力，丰富解说内容，寓教于乐，使旅游者有多方面的收获。

井冈山作为中国革命的摇篮，在这方面探索出较为成功的经验：景区大力挖掘红色文化，对井冈山斗争时期的革命文物在全国范围内进行大规模抢救性收集，市里成立了井冈山精神研究会，出版了《天下第一山》《走向井冈山》等一大批革命书籍；精心编排了红色经典晚会《岁月·井冈山》，定期为游客演出；推出"吃一顿红军饭、唱一首红军歌、走一次红军路、读一本红军书、听一堂传统课、扫一次烈士墓"的"六个一"革命传统教育模式，受到广大游客的欢迎。

（3）满足游客的需求

有需求才会有市场，旅游产品只有满足旅游者的需求，才能在市场上顺利销售出去。旅游景区作为旅游活动的基本要素之一，是旅游业发展的基础。

随着我国旅游业的发展，旅游景区也得到了飞速的发展，景区数量不断增加，旅游市场竞争也日趋激烈。在这种情况下，旅游景区需要不断进行经营和管理创新，根据游客需求的变化，寻求自身与竞争对手的差异，追求民族化、地方化和差异化，满足游客对差异的需求，形成自身的特色，提高景区的竞争力和吸引力。

重庆市南岸区要开发"一棵树"景点的消息，引起了某公司的关注。公司经过周密思考之后，主动提出了策划方案。公司选定重庆市树——黄桷树作为开发对象，用人工与自然相结合的手法，打造真假融为一体的"世界树王"。首先，在"一棵树"远景地，用完美的造型设计、高超的工艺水准、优质的钢筋水泥，塑造出超级黄桷树的主躯干和主要枝干，同时在主躯干和枝干的腹内、纹理之间，填埋进适合黄桷树生长的优质泥土，再精心移植一批挺拔壮美的黄桷树。几年过去后，株株真树都已生机勃勃，创造了一幅真中有假、假中有真的奇妙景象。其次，公司还在超级黄桷树下，临江搭建了面积宽广的观景平台并作适度的梯形处理，以便容纳更多的游人，并在黄桷树临江的一面播洒和设置了一些夜光物质和彩色灯光，这些灯光宛若天宫火树，与重庆光彩工程完美结合。"超级黄桷树观景台"建成后，除了开发旅游配套设施外，旅游资源的深度开发也开始启动。首先是在"超级黄桷树观景台"周围，栽培重庆市花——山茶花，在其脚下的山坡上和重点公路沿线移植、栽种黄桷树，到 2010 年左右，形成独具魅力的"市树市花风景区"。其次是建设一条类似泰山十八盘又独具山城特色的步行梯，可利用步行梯展开全民健身运动，如举行登山攀"树王"等比赛，同时形成空中有索道、乘车有公路、步行有云梯的立体交通网络。再次是开发独具特色的重庆旅游纪念品。如"超级黄桷树"的原样微缩，以及黄桷树横断面状的小板凳、茶几、桌面，黄桷树根雕等。最后是建造消夏园。针对重庆市民消夏的习惯，在超级黄桷树下开设额通宵茶园，作为重庆市民消夏的好去处，也成为外地游客体验重庆城市韵味的最佳去处。"超级黄桷树观景台"建成后，收到了良好的社会效益和经济效益。景区最多一天接待游客 6000 人次。

在人造景观的开发中，"超级黄桷树观景台"无疑是一个"双赢"的例子。它既满足了游客求新的需求，同时也为景区创造了效益。

2. 旅游景区主题产品策划的方法

（1）形象的策划

景区产品的无形性决定了景区的形象是景区产品销售的关键，因为它能提升景区产品的吸引力。景区形象是公众对景区的综合评价，是景区的表现与特征在公众心目中的反映。旅游景区形象作为一种"无形的经营资源"是难以单凭抽象的道理解释清楚的。所谓旅游景区形象就是社会公众包括旅游景区员工对旅游景区整体的评价，它是公众对旅游景区的发展史、创始人、主管人员、员工、团结气氛、行为准则、物质条件、产品、服务等的总体认知，反映了公众对旅游景区的总体了解和情感倾向。这种印象不仅来自有形的、看得见摸得着的外显事物，同时也来自长期未被公众所感知和熟悉的旅游景区的文化和内在精神。

在旅游产品的经营过程中，旅游景区的企业形象是与外界传递、沟通、联络的工具。同制造业生产的有形商品相比，服务明显地具有难以定义和难以进行试验的特性。建立旅游产品品牌应从旅游景区的角度出发，不断加强与游客的联络，树立良好的企业形象。

拥有国家级风景名胜区的西双版纳傣族自治州，在经营管理的过程中十分注重塑造整体旅游形象，如今它已经成为云南旅游业中一个响亮的品牌旅游产品。西双版纳傣族自治州在景区建设的同时还十分注重实施生态保护，全方位塑造旅游名牌形象。2000年4月，这个州借"中国昆明国际旅游节"举办之机，加大旅游宣传力度，以每年近80万元的投资在昆明国际机场显著位置推出面积为600平方米的"西双版纳民族旅游广告宣传长廊"。这个州旅游局还邀请各方人士对全州进行旅游CI形象设计，使西双版纳的旅游宣传更科学、规范和富有成效。

（2）景区产品文化性的策划

文化是旅游的灵魂，丰富的文化内涵可以构成强大的旅游吸引力。在策划旅游景区产品时，一定要深入挖掘其中的文化内涵。

湖南省在发展旅游业的过程中十分注重挖掘旅游产品的文化内涵，以古代文化中的名人名山作为品牌旅游产品的全新旅游形象。南岳衡山是一个老牌景区，自古有"五岳独秀"的美誉。但是随着新景区的增多，旅游市场竞争日趋激烈，如何使老品牌焕发出新的活力，便成为南岳旅游发展的最大问题。针对世界旅游发展已进入休闲时代的新趋势和人们普遍追求健康长寿的新要求，结合南岳寿文化源远流长的资源特征，南岳区于 2000 年提出了"旅游品牌强区"的发展战略，在品牌文化方面进行了大胆创新，将南岳衡山的品牌形象革新定位为"中华太岳"，确定了打"中华寿岳，天下独寿"这张王牌，以品牌树立形象，以形象扩大影响，以影响促进发展。2002 年，南岳区顺应旅游发展大趋势，以超前的意识确立了南岳 2002 年"生态文化旅游年"的工作主题，提出了"中华生态游，寿岳写春秋""五岳衡山独秀，天下南岳主寿""祈福到南岳，求寿上衡山""寿山福地南岳游"等时尚化、个性化的旅游形象主题宣传口号。针对几个黄金周，突出参与性、娱乐性和文化性，南岳区分别策划了"幸运香火游""十万游客名山赏烟花""寿岳送福"文艺晚会，第二届南岳衡山山地车赛等文化特色旅游活动。特别是 2002 年中国南岳衡山第三届寿文化节暨庙会再一次成为南岳品牌传播的成功之举。2002 年 10 月 6 日至 7 日，南岳"节会"分别推出了"挑战吉尼斯绝技绝活擂台赛""中国明星足球赛""传统庙会游园""吴桥艺人组团献艺""相聚就是缘"大型文艺晚会等一系列独具特色的旅游活动。"节会"系列活动成了吸引人们注意力的焦点，中央电视台、新华社及湖南省内各大电视台、广播电台、报刊网站等 200 多家新闻媒体对南岳"节会"活动进行了大量的宣传和新闻报道。南岳区也在 2002 年湖南省旅游节首届中国旅游品牌高峰论坛上被树为旅游品牌的典型。

（3）标识口号的策划

旅游景区产品标识口号不仅要对产品特色进行归纳和总结，而且还应该赋予它一定的感情色彩。在现代社会，没有专业的品牌规划，没有准确的品牌定位，没有鲜明的品牌形象，没有震撼的品牌口号，是很难在市场上立足的。但从目前情况来看，许多企业缺乏对产品标识口号的策划，企业大多混用"马踏飞燕""地球"等标志，标识口号没有形成自己的地方特色。产品宣传资料也是大同小异，往往草草几页纸，图文编排呆板，让人看完整个资料，也很难留下深刻印象，很难达到较好的宣传效果。在当今世界，一个专业化的品牌带来的是一种信任，而一个优秀的标识给旅游者的是一种向往，一种怀念，这些特有的感触迟早会引发旅游者的旅游动机。比如，美国的象征是自由女神像，每看到一次都会加深一层去那里旅游的期盼，潜移默化之中为美国创造了潜在的旅游者。

（4）景区产品卖点的策划

卖点在策划时应该从旅游者的需求考虑。景区如果不能很好地研究市场需求的话，就会使产品缺少吸引力，造成产品参与性差，最终影响产品的市场销售。因此，景区在进行产品策划时，应该以旅游资源为基础，针对市场需求打造旅游产品的独特吸引力。旅游产品的独特卖点是旅游营销推广的基础。

（5）节庆活动的策划

旅游景区的节庆产品是一项影响面大、经济效益明显、参与人数众多的旅游产品，同时它还是塑造旅游景区形象的有效手段，因而受到越来越多景区的重视。如武汉东湖风景区楚城的编钟演奏、河南嵩山少林寺的武术表演都是比较成功的例子。另外有许多景区已经形成自己的品牌节庆活动和表演项目。如山东曲阜三孔景区的孔子文化节和大型广场乐舞《杏坛圣梦》，深圳世界之窗的啤酒节、狂欢节与大型音乐舞蹈史诗《创世纪》和《跨世纪》等。随着节庆表演在景区中的作用日渐明显，许多景区都掀起了一股开发节庆表演的浪潮，其中难免存在一些问题。因此，在进行节庆活动策划时，应该注意以下几个方面：

①主题要突出

旅游景区节庆活动在策划时要有明确的主题，而且主题还要有深刻的文化内涵，这样有利于推广景区主题旅游形象。如陕西可以举办一些以历史人物为题材的旅游节庆活动。在活动中，可通过一系列的庆典及可参与的旅游活动来表现主题，如以秦始皇为旅游节庆活动的题材，就可以举办"秦俑电影周"，播放以秦俑为题材的影片；举办秦陵军阵表演；举办秦俑及秦陵文物考古研讨会、文物旅游发展研讨会等。另外，节庆主题的选择还应该与国家旅游局（文化和旅游部）每年推出的旅游主题相联系。

②应该根植于地方文化

旅游节庆活动只有根植于地方文化才能使主题旅游活动富有生命力。同时，节庆活动可以结合我国传统的节日以及有关国际节日甚至是西方的"洋节日"进行策划，如我国的春节、中秋节等民族节日，西方的圣诞节、情人节等。许多景区的节庆表演之所以成功，都是因为根植于地方文化，如无锡主题公园成功的重要原因之一就是根植于吴文化，其艺术表演深深扎根于江南的舟桥文化、鱼文化、居室文化、酒文化、纺织文化及金融文化之中。北京世界公园的艺术表演则移植了世界各地的民族舞蹈，在对这些民族舞蹈精心选择的基础之上，组合成一系列优秀的观赏性舞蹈表演，这对游客产生了非常大的吸引力。深圳世界之窗在创作表演活动时，始终立足于民族文化，并面向世界，这在《创世纪》和《跨世纪》两台节目中都得到了很好的表现。为打造这两台精品节目，景区人员多次到美国拉斯维加斯参观学习。所以两台节目对美国的借鉴是不言而喻的，但是两台节目的艺术追求远远高于非主题、纯娱乐的感官享受，更具有中国特色，非常适合中国的国情，同时也给西方人带来一种新意。

③要注重规模化

节庆活动只有具备一定的规模，才能产生较大的影响，收到良好的经济效益。旅游景区如能主办或承办一些全国性和地方性的节庆活动，则会更具有市场影响力。深圳世界之窗的啤酒节自1996年举办以来，接待了众多的海内外游客，目前已经发展成为中国南方最著名、最成功、最有特色的名牌啤酒盛会。2002年世界之窗第六届啤酒节汇集了中外众多名牌啤酒，以浪漫、刺激为宗旨，以激情狂欢为特色，将一个全新的啤酒节奉献给了游客。此次活动波及世界之窗整个景区，而且一共持续了52天，活动期间共接待游客50万人次。

第三章　旅游景区环境质量评价研究

第一节　旅游景区环境管理

一、旅游景区卫生管理

（一）旅游景区卫生管理的特点

旅游景区卫生环境的状况如何，将直接影响旅游者的旅游体验，从而决定旅游者对旅游景区的总体印象。旅游景区的卫生管理是一个综合、复杂的过程，它具有以下特点。

1. 全面性

即旅游景区卫生管理所涉及的管理范围很广，必须加强纵向和横向管理，做到上下结合、统一布置、统一规划、统一行动。

2. 连续性

旅游景区的卫生管理是一个环环相扣、彼此紧密相连的过程，其中任何一个环节出了问题，势必影响到整体。景区各部门、各环节、各工种都要把好卫生质量关，做好相互协作，使卫生管理具有连续性。

3. 多样性

旅游景区的卫生管理工作不同于其他企事业单位。在时间上既有长期性任务又有短期临时性的工作；在人员上既有游客的卫生管理，又有景区服务人员的卫生管理；在范围上既有游步道、游客中心、游乐设施、客房、餐厅等一线业务单位的管理，又有库房、办公室、公共环境卫生等的管理。

4. 季节性

旅游业是季节性很强的行业。不同的旅游季节，卫生管理的特点及侧重点也不一样。淡季要突出"全"，即全面保持常规卫生；平季要突出"精"，即卫生工作要做"细"；旺季则突出"勤"，即根据游客多、流动性大、周转快等特点，要勤于搞好卫生。

5. 及时性

旅游景区的卫生清扫工作要掌握游客的活动规律，在不打扰和影响游客游览体验的情况下，及时地搞好环境卫生。例如，在景区内游客量较为集中的节点、观景点等重点部位，要安排专人适时、及时地进行清扫，保持周围良好的卫生状况，为游客创造惬意的旅游体验环境。

（二）旅游景区卫生管理的内容

旅游景区卫生管理工作涉及旅游景区的各个环节，体现在接待服务过程的始终。它可以分为静态卫生管理，即游览环节、设施、设备和用品的卫生管理，以及动态卫生管理，即工作人员卫生管理。

1. 旅游景区游览卫生管理

主要包括游客乘坐的交通工具（游览车、游船、索道、缆车、休息座椅等）、游步道、景点等部位的卫生管理。

2. 旅游景区公共卫生管理

主要包括旅游景区的大门、广场、游客中心、卫生间、厅堂、商场等各种服务场所周围环境的卫生管理。

3. 旅游景区住宿卫生管理

主要指提供住宿服务的旅游景区，它以为客人提供清洁、舒适的住宿条件为重点，具体内容包括客房卫生、卫生间卫生、客用的各种消耗用品卫生等的管理。

4. 旅游景区食品卫生管理

以食品卫生法为中心，以预防食物中毒和疾病传染为重点。具体内容包括食品原材料采购、储藏、加工制作、产品销售、食品化验、消毒等各个环节的卫生管理。

5. 旅游景区员工个人卫生管理

主要是指旅游景区的一线从业人员，包括导游、售票员、保安以及各级管理人员的身体健康状况、仪容仪表、着装、个人卫生等各个方面的卫生管理。

（三）旅游景区卫生管理的任务

旅游景区高质量的卫生管理工作是良好游览环境的基础，它的主要任务如下。

1.制定旅游景区卫生管理制度

旅游景区有各种不同的类别，其卫生管理制度也是依照景区的性质和任务分别制定的，具体包括：公共卫生管理制度；旅游设施卫生管理制度；旅游文化娱乐场所卫生管理制度；旅游交通卫生管理制度；食品卫生消毒、化验制度；客房卫生管理制度；餐厅卫生管理制度；旅游医务卫生制度；外国人入境卫生管理制度等。

2.制定卫生管理操作程序

旅游景区卫生管理操作的主要程序有：公共卫生及环境卫生操作程序；旅游文化娱乐场所卫生操作程序；旅游接待服务设施设备卫生操作程序；客房卫生操作程序；餐厅卫生操作程序等。

3.加强卫生检查，保证卫生质量

旅游景区卫生管理涉及面广、时间性强、质量要求高，必须切实加强卫生检查，才能保证卫生质量。其方法是服务人员自检、班组长全面检查、管理员每天检查、部门经理重点抽查、卫生评比等。在检查的过程中，要严格掌握标准，做好检查记录，如有发现不符合要求的应要求返工重做。

（四）旅游景区卫生管理的基本要求

旅游景区卫生管理的好坏，将直接反映旅游景区的管理水平和服务质量。因此，其卫生管理有以下基本要求。

1.领导重视，网络管理

旅游景区的卫生管理，由景区的总经理总体负责。日常具体的卫生管理工作由景区副总经理督导。各部门副经理负责本部门的卫生管理工作，并直接对景区副总经理负责。

2.分级归口，责任到人

旅游景区卫生管理范围大、内容多，要分工细致、责任到人。分级归口，即将卫生管理内部及范围按照部门、类别位置进行划分；责任到人，即将卫生管理工作的责任落实到具体工作人员，同时授予相应的管理权限，实行专人负责、定期检查，从而保证卫生质量。

3. 分门别类，制定标准

管好卫生的关键是要有一套完整的卫生检查标准。旅游景区在制定卫生检查标准时，既要有统一的标准，又要有分项标准，以便实行工作标准化管理。

4. 严格制度，奖勤罚懒

为了确保旅游景区各个环节的卫生质量，景区的管理者必须严格执行规章制度，特别是各级管理人员要随时检查制度的执行情况，发现问题及时纠正。卫生检查的结果要与相关负责人的奖金挂钩，坚持奖勤罚懒的原则，从而不断提高旅游景区的卫生管理质量。

5. 游客监督，加强管理

旅游景区卫生管理的好坏、质量的高低，其最终的评判者是游客。因此，作为景区的管理者应充分地认识和发挥游客的监督作用。在游客中心、游乐场所、客房、餐厅、景区交通工具上设立意见卡、意见箱等设备，并同接待服务结合起来。收集游客反应，正确地处理投诉，及时地发现管理中存在的问题，有针对性地采取改进措施，满足游客需求，提高景区声誉。

6. 加强培训，提高素质

为了保证卫生管理工作的科学性，旅游景区应充分利用景区淡季、平季的时候举办各种类型、多种形式的中短期卫生管理培训班，对参加人员进行较为系统的景区卫生专业知识培训，并进行考核，合格者给予证书，从而不断地提高员工的卫生业务素质。

二、旅游景区园林绿化管理

（一）旅游景区绿化的基本原则

旅游景区的绿化不同于城市园林绿化，更不同于林业造林，它是以多种类型的风景林为旅游景区绿化的基本形式，使其生物学特性、艺术性和功能性相结合。

旅游景区绿化的基本原则是：

首先遵循"因地制宜，适地适树"的科学原则，以恢复地带性植被类型为目的，采用多树种、多林种、乔灌草木相结合的方法；

其次旅游景区绿化要与景点绿化相结合，各景点的绿化要力争有不同的植物景观特色，使植物景观与人文、大自然景观相协调；

最后在确保环境效益、不影响景观效果的前提下，应考虑结合生产，大力营造经济与观赏相结合的经济风景林，为经济发展和旅游服务。

旅游景区的绿化主要是美化环境，另外还有调节气候、涵养水源等功能。旅游景区的游览区、交通道路、目光可及的山坡是绿化的重点区域。

（二）旅游景区的观赏植物配置

植物配置是景区绿化体系的一部分，也是景区建设的重要内容。它是景点绿化的精品，起着保护生态平衡和改善环境质量的作用。

1. 观赏植物在景区绿化中的作用

观赏植物配置不仅扩大了景区的绿化面积，而且在景区景点建设中起着重要作用：

（1）观赏植物是风景素材，也是风景的主题之一；

（2）观赏植物丰富了景点的构图，打破景区生硬的轮廓，柔化了游览环境，丰富了色调；

（3）观赏赋予了景点时空变化和生气，形成了春夏秋冬不同的景象；

（4）观赏有分割空间和隐蔽建筑物的功能，美化了游览环境。

2. 观赏植物的分类

根据观赏植物的习性，观赏植物通常分为观赏树木、草本花卉、草坪与地被植物三类。

（1）观赏树木类

①观赏乔木类：通常6至数十米高，有明显的主干。根据在一年中落叶与否可分为常绿乔木和落叶乔木两类。根据大小又可分为三类，即大乔木类，树高20米以上；中乔木类，11～20米；小乔木类，6～10米。

②观赏灌木类：树体矮小。主干6米以下。干茎多从地面而发。无明显的主干。

③观赏藤木类：能缠绕或攀附他物向上生长的木本植物。

④铺地类：干枝等均铺地生长，与地面接触的部分可生出不定根而扩大占地范围，如铺地柏等。

(2) 草本花卉类

①露地花卉：在自然条件下，完成全部生长过程，不需保护如温床、温室。露地花卉根据生活史可分为三大类。

一年生花卉：在一个生长周期内完成其生活史的全过程，从播种到开花、结实和枯死均在一个生长季节内完成，故一年生花卉又称为春播花卉。如波斯菊、万寿菊、百日草等。

两年生花卉：在两个生长季节内完成生活史的花卉，当年只生长营养器官，越年后开花、结实、死亡。一般在秋天播种，次年春夏开花，故称为秋播花卉。如须苞石竹、紫罗兰、桂竹香、羽衣甘蓝等。

多年生花卉：个体寿命超过两年，能多次开花结实，又因其地下部分的形态有变化而分为四类。

宿根花卉：地下部分的形态正常，不发生变态，如芍药、萱草、玉簪等。

球根花卉：地下部分变态肥大，如水仙、唐菖蒲、美人蕉、大丽花等。

水生花卉：在水中生长或沼泽地中生长的花卉，如荷花和睡莲等。

岩生花卉：指耐旱性强，适合在岩石园中栽培的花卉。

②温室花卉：原产热带、亚热带及南方温暖地区的花卉，在北方寒冷地区必须在温室内栽培或冬季需要在温室内保护越冬。通常可以分为以下几个方面。

一、二年生花卉：瓜叶菊、蒲包花等。

宿根花卉：万年青、非洲菊、君子兰等。

球根花卉：仙客来、朱顶红、马蹄莲等。

兰科植物：依其生态习性不同，又可分为地生兰类，如春兰、箭兰、蕙兰、墨兰等等；附生兰类，如石斛、万带兰、兜兰等。

多浆植物：指茎叶具有发达的贮水组织，呈现肥厚的多汁变态的植物，包括景天科植物、大戟科植物、凤梨科植物、龙舌兰科植物等。

蕨类植物：波士顿蕨、铁线蕨等。

食虫植物：猪笼草、瓶子草等。

凤梨科植物：水塔花、筒凤梨等。

棕榈科植物：蒲葵、棕竹、椰子等。

花木类：一品红、变叶木等。

水生花卉类：王莲、荷花、热带睡莲等。

（3）草坪与地被植物

①草坪植物：狗牙根、结缕草等。

②地被植物：三叶草、车轴草等。

3. 观赏植物的配置方式

观赏植物所引起的感官效应，不单由植物本身的特性所支配，而且在很大程度上由植物的配植方式所决定。自然界的山岭岗阜上和河湖溪涧旁的植物群落，具有天然的植物组成和自然景观，是自然式植物配置的艺术创作源泉。

中国古典园林和较大的公园、风景区中，植物配置通常采用自然式，但在局部地区，特别是主体建筑物附近和主干道路旁侧也采用规则式。园林植物的布置方法主要有孤植、对植、列植、丛植和群植等几种。

（1）孤植

主要显示树木的个体美，常作为园林空间的主景。

对孤植树木的要求是：姿态优美，色彩鲜明，体形略大，寿命长而有特色。周围配置其他树木，应保持合适的观赏距离。在珍贵的古树名木周围，不可栽植其他乔木和灌木，以保持其独特风姿。用于庇荫的孤植树木，要求树冠宽大，枝叶浓密，叶片大，病虫害少，以圆球形、伞形树冠为好。

（2）对植

即对称地种植大致相等数量的树木，多应用于园门、建筑物入口、广场或桥头的两旁。在自然式种植中，则不要求绝对对称，对植时也应保持形态的均衡。

（3）列植

也称带植，是成行成带地栽植树木，多应用于街道、公路的两旁，或规则式广场的周围。如用作园林景物的背景或隔离措施，一般宜密植，形成树屏。

（4）丛植

三株以上不同树种的组合，是园林中普遍应用的方式。可用作主景或配景，也可用作背景或隔离措施。配置宜自然，符合艺术构图规律，力求既能表现植物的群体美，也能看出树种的个体美。

（5）群植

相同树种的群体组合，树木的数量较多，以表现群体美为主，具有"成林"之趣。观赏植物的选择应注意地方特色和四时的变化，旅游景点在配置花木时，应多选择当地的乡土树种，因为土生土长的植物存活率高，成长快，而且能突出当地特色。

在栽植观赏植物时，要考虑时令的变化，使景区的园林景色风花雪月、四季常新，力求做到细竹迎春、柳嫩桃红、榆烟杏雨、玉兰飘香、丁香开花、梨树添白、牡丹阶前、芍药怒放、荷莲一片、芙蓉满地、榴开碎锦、菊花烂漫、芦白江湖、枫红山林、蜡梅迎雪、松柏常青等。

4.常见观赏植物

（1）观花植物

花为最重要的观赏特性。暖温带及亚热带的树种，多集中于春季开花，因此，夏、秋、冬季及四季开花的树种极为珍贵，如合欢、奕树、木槿（夏季开花）、紫薇、凌霄、美国凌霄、夹竹桃、石榴、栀子、广玉兰、醉鱼草、木本香薷、糯米条、海州常山、红花羊蹄甲、扶桑、蜡梅、梅花、金缕梅、云南山茶、冬樱花、月季等。一些花形奇特的种类很吸引人，如鹤望兰、兜兰、飘带兰、旅人蕉等。赏花时更喜闻香，所以如木香、月季、菊花、桂花、梅花、白兰花、含笑、夜合、米兰、九里香、木本夜来香、暴马丁香、芙莉、鹰爪花、柑橘类等备受欢迎。不同花色组成的绚丽色块、色斑、色带及图案在配植中极为重要，有色有香则更是佳品。根据上述特点，在景观设计时，可配植成色彩园、芳香园、季节园等。

（2）观叶植物

很多植物的叶片富于特色。如董棕、鱼尾葵、巴西棕、高山蒲葵、油棕等都具巨叶。浮在水面巨大的王莲叶犹如一"大圆盘"，可承载幼童，吸引众多游客。奇特的叶片如轴搁、山杨、羊蹄甲、马褂木、蜂腰洒金榕、旅人蕉、含羞草等；彩叶树种更是不计其数，如紫叶李、红叶桃、紫叶小檗、变叶榕、红桑、红背桂、金叶桧、浓红朱蕉、菲白竹、红枫、新疆杨、银白杨等。此外，还有众多的彩叶园艺栽培变种。

（3）观果植物

园林植物的果实也极富观赏价值，奇特的如像耳豆、眼睛豆、秤锤树、腊肠树、神秘果等；巨大的果实如木菠萝、柚、番木瓜等，很多果实色彩鲜艳：紫色的紫珠、葡萄；红色的天目琼花、欧洲英援、平枝荀子、小果冬青、南天竺等；蓝色的白檀等；白色的珠兰、红端木、玉果南天竺、雪里果等。

三、旅游景区综合环境管理

旅游景区综合环境管理，实质上就是旅游景区的环境保护管理。它是旅游景区实施可持续发展战略、保护景区旅游资源、创造舒适的游览娱乐环境、实现景区资源永续利用、旅游事业持续发展的重要保障。

为了做好景区的综合环境管理工作，景区通常制定专项的旅游景区环境保护规划，在规划中，通常划定旅游景区的范围及其外围保护地带，其目的主要是为了方便管理和明确责任。

一般来说，旅游景区分区保护分为四个等级，具体见表3-1。

表3-1 旅游景区分区保护

特级保护区	旅游景区内具有较高价值的风景资源及国家保护对象，是最精华，应重点保护的内容
一级保护区	风景资源中价值良好、能反映风景区特色，游览的精华地区，以保持景物、景观的长久性为目的
二级保护区	特级、一级保护区外的景物、景观及景点，有游览价值的地区，对风景资源的保护具有重要意义
外围保护区	虽没有一定价值的景观、景物，但对风景资源构成影响，存在保护必要的以上三级保护区的界限外围地区

保护景区旅游资源及其环境，科学合理地开发、利用旅游资源，关系到旅游景区的生存与发展。因此，除了运用法律、经济、科技、教育等手段外，还要制定许多具体的保护措施，比如自然生态环境的监测、水环境管理、大气环境、固体废弃物的处理等。旅游景区综合环境管理具体包括以下几个方面。

（一）水体环境管理

旅游景区应该贯彻落实可持续发展战略，使生态系统实现良性循环，必须有一个阳光明媚、空气清新、环境幽寂的旅游环境，满足游客观赏和行为心理的需求。水体质量对当地居民和旅游业的可持续发展具有重要的意义，应特别注意旅游活动对水体环境的影响，必须对水体环境实施综合整治、有效管理。

滨海度假项目、水上活动的开展、旅游船舶以及渔船的油污、垃圾会不同程度地造成水体污染；景区内休闲中心、滨海浴场、餐厅、宾馆等排放的污水和垃圾也是一个污染源；餐厅排放的污水含有相当的油质和清洁剂，饭店使用的含有化学物品的去污剂等，这些含有化学有毒物质的废水废物直接排入水体，会危及水体生物的生存，危害生态环境。

一些开展水上游乐项目，或开展与水有关的旅游项目的景区，由于人类活动的影响，未经处理的污染物直接排放进入河道，使水和水底泥沙的物理、化学性质和生物群落的组成发生变化，从而降低了水体质量和使用价值，使河床淤塞，不利于通航。港口码头区域容易受船舶的污油污染。因此，对于拥有港区、河流的旅游景区，应注意疏浚驳岸，水污染可采用人工处理和自然净化相结合、无害处理与综合利用相结合的办法治理。在环境整治方面，要完善景区污水处理厂或氧化塘，集景区生活污水、废水集中处理；对港区码头的油污水，可先采用隔油池或过滤池处理，然后排入城镇污水管道，汇入污水处理厂（氧化塘），集中处理。

（二）大气环境管理

伴随着景区旅游的开展、知名度的提升，游客数量不断增加，其乘坐的交通工具排放的大量有毒尾气、扬起的尘埃、宾馆饭店排放的废气、旅游景区内的单位和农民燃烧秸秆产生的烟尘等，都会对旅游景区的空气产生影响。

旅游景区空气环境质量直接关系到游客旅游的满意程度，因此，景区大气环境的保护在景区管理中越来越受到重视。比如，2000年，联合国遗产中心的专家在考察了江苏的周庄、同里、甪直和浙江的乌镇、南浔、西塘之后，建议不妨把江浙六古镇作为一个整体，以"江南水乡古镇"的名义共同申报世界文化遗产。次年，江浙六古镇进入世界文化遗产预备清单（由于各种原因没能最终一同加入世界文化遗产名录）。古镇同里为了有效地改善景区的空气环境，在古镇内的各景点对游客的内部交通全部采用电瓶车，并统一管理、统一营运、统一服务，全面树立古镇旅游服务的新形象。

如何最大限度地减少外界活动对景区空气的影响，是景区管理者应该予以重视的问题。在我国的一些旅游景区已经采取措施，比如在我国著名的生态旅游景区四川的九寨沟风景区、湖南张家界武陵源风景区、杭州西湖等景区，在景区的入口处，所有游客换乘电瓶车进入，燃油车一律禁止进入景区。这种措施能最大限度地减少外来燃油汽车对景区空气的污染。此外，积极向当地居民推广使用清洁能源，优化燃料结构，改变当地农民燃烧秸秆作为能源的习惯，将秸秆返田等措施，也起到了很大的作用。

（三）固体废弃物处理

目前旅游景区固体废弃物多为居民生活燃料的残渣、建筑垃圾等，为此要进一步完善、改进垃圾的收集、运输和处理体系。建筑垃圾可填埋建筑基地深层。尽最大可能实现固体废弃物资源化。在景区内施工的单位和个人，应当采取必要的保障措施保护环境和资源，维护景容完好。施工场地应文明整齐，不得乱堆乱放。竣工后，由施工单位清理施工场地，恢复植被。

固体废弃物要分类收集和无害化处理，建立完善的垃圾收集及处置管理办法，完善旅游景区垃圾处理的方案设计和论证。各景点内的固体废弃物应建立完善的垃圾分类收集系统，加强对危险废物的收集和管理，各类固体废弃物应定期集中运到专业垃圾处理场所加以处理或委托环卫部门、有资质的固废处理中心处理，杜绝就地堆放和深埋。景区内多设置垃圾箱，收集游人丢弃的垃圾。对进入景区游览的游人，每人可发一只垃圾袋，供其使用。

（四）景区噪声管理

不同类型的景区，同一景区的不同区域，由于其各自营造的意境和氛围的差异，对景区噪声的管理要求是不一样的。旅游景区的噪声管理主要加强对交通噪声、生活噪声和娱乐噪声的管理。旅游景区的交通噪声主要来源于摩托车、拖拉机和行驶在景区公路上的汽车等交通工具，而且交通噪声又是一种不稳定的噪声，噪声级随时间而变化。

旅游景区的噪声会对旅游者的心理产生极大的影响，直接关系到旅游者旅游的满意程度。因此，对噪声的控制是必要的，宜采取以下措施。

首先，所有机动车禁止在旅游景区鸣喇叭、鸣笛。在旅游景区的道路两旁设立显著标志，对进入景区的司机及司乘人员在进入景区时，予以提示。对违反者采取严厉的处罚措施。

其次，在景区游览区域内使用电瓶车等环保运输工具，禁止拖拉机等污染大的设备在景区内的主要游览区行驶。对于一些规模较大的旅游景区，尤其是景区内保持原生状态、景区内部有居民居住的，在旅游景区规划时，要充分考虑旅游交通与居民内部交通的协调，避免发生冲突。

最后，人为地设置隔音设施设备，在景区外围建立 3050 米宽度的防护林带，以减少外界噪声对景区环境的影响。

（五）旅游景区承载力管理

旅游业的可持续发展是当前旅游学科的一个热门研究话题和研究方向，它规定了旅游业应该采取的发展模式，指出了景区旅游开发与环境相协调发展的途径，因此具有较强的理论意义和实践价值。然而，如何实现旅游业的可持续发展，其判断标准是什么，仍是个值得探讨的问题。旅游环境（包括自然生态环境和社会文化环境）的保护和健康延续是关键，因此，可以将旅游环境承载力认定为旅游可持续发展的重要判断依据。

1. 旅游景区承载力的概念及内涵

"承载力（carrying capacity）"一词的含义是指某一特定空间或区域的接纳、包容能力。但实际上，区域社会经济与环境承载力，在旅游学上往往简单地定义为某一旅游区所能接纳的最大游客量，因而对区域社会经济与环境承载力有两种不同的理解。

第一种理解是：区域社会经济与环境承载力是指一个旅游地，在东道主没有感到有旅游的消极影响的前提下这一地区吸引的最大游客量。

第二种理解是：把社区承载力看成是某种边界，游客一旦超过了这一边界，客流量就会下降，因为游客本身感受的某种承载力被超越了，因而，这个旅游景区就不能满足他们、吸引他们，他们就会去寻找别的旅游景区。

一般认为，旅游景区承载力是指在游客的基本游览要求和旅游地的环境质量保护要求均得到满足的前提下，旅游景区最多所能容纳的游客人数。邹统钎教授认为，旅游景区的承载力，是指在某一时期、某种状态或条件下，旅游景区在保证其旅游系统的结构和功能不受破坏的前提下所能承受人类活动作用的极值。

为维系旅游景区的承载力，必须做到：

（1）自然和文化资产要持久存在；

（2）目的地居民的生活质量得到改善；

（3）旅游者在目的地获得持久的享受；

（4）旅游企业能够长期获得收益。

旅游景区环境承载力是一个旅游区在提供使旅游者满意的接待服务并对资源产生很少影响的前提下，所能进行旅游活动的规模。

因此，旅游景区的承载力可由社会心理承载力、经济承载力和技术承载力这几个方面构成。社会心理承载力，即当地居民和旅游者对旅游景区的认识和兴趣等，它包括目的地居民心理承受能力和游客心理承受能力两个方面。经济承载能力，即旅游景区的接受能力超负荷时，是否愿意和能够增加基础设施的认识水平和实施能力，具体反映在旅游目的地愿意而且能够为发展旅游业的投资大小上，这些投资可涉及旅游者食、住、行、游、购、娱等方面的一切直接和间接设施。技术承载能力，是指因为旅游业的发展和现代化建设都需要有先进的技术来实现，它包括物质承载力和环境承载力两个方面。

2. 环境、社会、经济承载力的相互影响

旅游业的经济、自然与社会影响是游客与旅游景区及其居民间相互作用的结果，三者的承载力各不相同，旅游业影响的强度与方向取决于不同主体容忍的极限。

自然承载力是指一个旅游点，像历史建筑、海滩和旅游胜地等在出现损坏或环境污染之前接纳游客的最大限度。对待自然环境承载力问题，只是在游客从感觉上与心理上感到缺乏兴致并准备选择新的旅游景区时，旅游景区管理者才开始采取对策。换句话说，它只是以那些反映经营质量的行为因子而不根据那些反映环境最大容量和质量的因子来确定自然承载力。

社会承载力可以根据游客的观点及当地居民对游客行为的最大容忍程度来客观地论定，或者从未来游客对现在的游客拥挤程度的感受来确定。

经济承载力，如前所述，可以描述为没有排挤人们期望的当地经济活动的前提下吸收游客的能力。

但是，由于它们在各个系统中影响程度与影响方向的差异，承载力各有差别，甚至会发生冲突。

结论：承载力不只是用于某个指定时期内期望接受的最大游客量，而且用于最大的增长率；超过这一增长率就会导致严重地破坏，虽然目前在对某些海滩地区承载力的测算方法上有所突破，但是，在许多方面承载力还是很难度量的。虽然，承载力不能当作一个绝对的极限用于规划，但可以作为确定其边界并加以控制的依据。由于本章节主要讲述旅游景区环境管理，因此，在接下来的内容中，我们将重点讨论景区环境承载力的问题。

3. 旅游景区的环境承载力

环境承载力在这里主要指旅游景区的生态容量。即在一定时间内旅游景区的自然生态环境不致退化的前提下，所能容纳的旅游活动量。生态容量是立足于当地原有的生态质量，考虑自然环境对于旅游场所产生的旅游污染物，能够完全吸收与净化的能力。因此，生态容量的计算取决于一定时间内每个游客所产生的污染物数量及自然生态环境净化与吸收污染物的能力，同时，人工处理方法也可以扩大环境承载力。因此，旅游景区的环境承载力为：

$$Ce=(\sum N_iS+\sum Q_i)/\sum P_i$$

式中：Ce 为旅游景区的环境承载力；Ni 为每天单位面积土地对第 i 种污染物的自然净化能力；S 为旅游景区总面积；Qi 为每天人工对第 i 种污染物的处理能力；Pi 为每位游客一天生产的污染物数量。

4. 旅游景区承载力的测度准则

根据1983年WTO采用的旅游景区承载力的概念，在决定旅游景区承载力时，应该考虑以下两个方面。

天生的自然、社会经济环境：它是这样一个承载力，在这个承载力范围之内不至于损害自然环境，对社区不会产生社会与经济困扰，同时能维持开发与保护之间的平衡，而超过这个饱和度，就会对自然环境、社会环境和文化造成长久的损害。

旅游形象与旅游产品：这涉及与游客所追求的旅游产品开发、环境文化经历类型相适应的承载力或游客数量。如果旅游景区开发过于饱和，则游客追求的吸引物就会遭到损害或降低品位，那么旅游景区的质量与受欢迎程度将会下降。

（1）与天生的环境相对应的确定旅游景区最优承载力水平的准则

①自然的。

视觉效应与拥挤的可接受程度；

生态系统的饱和点；

野生动物与植被的保护；

空气、水及噪声污染的可接受程度。

②经济的。

为地方产生最佳总体经济效益时的旅游开发程度；

与社区相宜的旅游就业水平。

③社会文化的。

在未对社区社会文化生活、活动造成损害时的最大旅游开发程度；

有助于维护文化遗址及当地艺术、工艺、信仰、风俗习惯及传统而无副作用时的旅游发展水平。

④基础设施的。

交通设施与服务的合理使用程度；

供水、供电、排污、通信等服务与设施的合理使用程度；

其他社区设施与服务，如医疗、保安等设施与服务的合理使用程度。

（2）与旅游形象或游客满足程度相关承载力的测度准则

①自然的。

度假区环境总体清洁，没有污染；

目的地环境没有过度拥挤；

景观的吸引力，包括建筑设计的质量与特征；

生态系统与动植物的维持。

②经济的。

假日成本与物有所值。

③社会文化的。

对社区与文化的内在兴趣；

地方艺术、手工艺、菜系、文化表演的质量；

居民的友善。

④基础设施的。

交通服务与设施的可接受标准；

公益事业的可接受程度；

其他设施与服务的可接受标准。

在确定承载力时，要在各种因素、目标与各种成本之间进行权衡，既要保持游客的满意度，又要创造最佳的经济效益、维持生态环境、促进社区社会文化的发展，要在其积极影响与消极后果之间作合理的平衡。但不同的社区、不同的游客、不同的景区类型，其承载力是不同的。另外，在确定承载力时一定要考虑旅游季节性的差异。

5. 旅游景区承载力的参考标准

根据环境心理学原理，个人在从事活动时，对环境在其周围空间有一定的要求,任何人对该范围空间的进入都会使人感到受侵犯、压抑、拥挤,导致情绪不安、不舒畅。这个空间称为个人空间。个人空间的确定各地差别很大。

在日本海滩,当个人平均利用密度达到 10 米 / 人时,满足程度可达 100%。而在美国当密度为 10 米 / 人时,只有 50% 的人得到满足;当密度达 15 米 / 人时,也只有 60% 满足。在地中海地区,荷兰海滩的使用标准密度是 1.7 米 / 人,西班牙为 3 米 / 人,而地中海热带地区旅游度假区的标准密度低于 30 米 / 人。世界上比较常用的海滩承载力标准是 10 米 / 人,或人均海滩长度标准为 1 米 / 人。

同样对于游泳场的标准也悬殊。在美国,天然游泳场水体的大肠杆菌标准为 500～1000 个 / 升,在欧洲为 2000 个 / 升。欧盟规定游泳场的透明度应大于 2 米,澳大利亚规定透明度为 1.2 米。

西方国家一些设施设备的标准为:一般旅馆——10～35 平方米 / 人;海滨别墅——15 平方米 / 人;山区旅馆——19 平方米 / 人;餐馆——24 平方米 / 人;室外电影场——最多 1000 人 / 场;夜间俱乐部——最多 1000 人 / 处。户外空间按配备的床位计算分别是:海滨或乡村——20～40 平方米 / 床;滑雪场——5.15 平方米 / 床。行政管理与服务空间是:中心服务区——最少 0.3 平方米 / 床;行政、环卫——0.2 平方米 / 床。

第二节　旅游景区环境质量评价体系构建

一、旅游环境质量概念及评价特性

(一)旅游环境质量概念界定

旅游环境质量的定义目前在国内国外尚未获得明确说法,根据上文分析可以知晓,旅游环境质量是指在特定的时间和空间下,旅游环境系统内各个因素的质量及优劣程度的总体情况。旅游环境质量能够反映特定时间和空间内,旅游环境是否适宜旅游活动或者旅游项目的开发经营,是能够对旅游环境系统进行定性、定量评定的一种概念。

旅游环境的质量与成长有相互制约相互促进的作用,质量的下降将会抑制旅游项目开发,降低旅游活动的质量,折损游客旅游的体验。同时旅游产业的成长也对环境质量有很大的影响,适当的开展旅游活动能够使旅游环境保持良性状态，产生正面影响，过分地开发会导致环境压力过大，产生负面影响。

（二）旅游环境质量评价特性

对旅游环境进行质量评价，就是在对旅游地的旅游环境进行调查分析的基础上，运用相应的数理方法，进行旅游开发经营或旅游活动的适宜程度或满足程度的深入研究。目的是适当调整人们在旅游环境中的干预程度，及时有效的保护旅游环境，在加强旅游资源挖掘利用的同时，防止过度的开发建设。在人为主动参与的情况下，使得旅游环境质量不断朝良性化发展。

对旅游环境质量进行客观的评价，能够评判当前开发利用适宜程度，发掘旅游地的旅游资源潜力，同时其评价结果能够为经营模式提供方向。按照上文对评价意义的分析，可以看出其有以下三种特征：

1. 评价的复杂性

由于旅游环境本身是一个繁复的系统，导致进行评价同样难以简单化。旅游环境系统除可进行定量评价的物质因素外，还包含大量的需要定性评价的非物质因素。旅游环境系统的高度耦合性，使得评价因子之间的关系复杂化，其评价标准也各不相同，将给评价过程带来非常大的工作量。

2. 评价因子的不易度量性

对旅游环境质量产生干扰的因素数量十分庞大。其中硬性因素部分，例如旅游环境的大气质量、水体质量、噪声情况等，可以利用仪器等得到精准的测量，其他软性因素，例如服务好坏程度、文化氛围、住民友好度等，其结果的好坏很大程度上取决于游客的心理感受，由于游客的生活背景各不相同，结果很难度量。

3. 评价的动态性

对旅游环境的评价是为了给游客提供更好的更合理的旅游活动项目与空间，而每个时期游客对旅游活动的需求是不同的，人们的审美与需求往往伴随社会经济程度与时间的变化而变化，游客对旅游资源环境、旅游服务环境、社会文化环境等的要求是跟着潮流不断变换的，对旅游环境整体质量的要求自然也会不断提升。

（三）影响旅游环境质量的主要因素

影响旅游环境的因素纷繁复杂，其环境因素主要由两部分组成：

1. 环境自身对环境质量的影响因素

这里主要指生态环境因素。包括大气环境、水质环境（包括饮用水及娱乐用水）、声环境、动植物资源、区域稳定性条件（地貌、地质背景条件）、景观美学质量、景观及道路的空间范围、旅游气候舒适度、环境承载力及生态脆弱性等等。生态环境质量的好坏遵循最差限制值，即环境质量的好坏取决于诸要素中处于最差状态的那个要素，如水质因素、岩石因素、大气因素等。

2. 旅游活动对环境质量的影响因素

主要指社会、经济、文化、信息等外部条件的影响。包括旅游地的经济发展水平、基础设施及服务设施的接待能力、旅游交通的可进入性及便捷性、旅游服务质量水平、政策环境、餐饮卫生状况、居民素质及态度、排水排污能力、环境气氛的舒适度、公共道德意识及审美标准等。

二、旅游环境质量评价指标体系构建方法

（一）指标体系构建原则

1. 科学性原则

指标体系是一个非常严谨的系统，是通过前人的实践经验，结合实际评价目标，经过层层筛选而来。每一个被选因素都要符合客观规律并有科学支撑。不能凭一个人的空想而确定某因素。所选因素务必确保定义、涵盖范畴明确，可行的情况下，保证其延伸意义的明确性，避免出现两个或多个因素涵盖范畴交叉的状态。

2. 整体性原则

一套科学完整的指标体系，一般会包含多个分系统，各个因素与分系统、分系统与总目标之间是一个环环相扣的整体。分系统不是单个因素的汇集体，无论是各个因素，还是各个分系统，他们都必须从整体上服务于所要评价的最终目标状态，目的应一致。

3. 层次性原则

往往评价目标下会覆盖多个子系统，如果笼统地进行因素分析，必然会

导致混淆。划分层次结构是评价手法中较为常见的，通过层次结构对总目标进行分解，能够更好地利用目标层级的从属关系。

4. 全面性原则

指标体系需要全面的涵盖到评价目标的各个方面。每个所选因素之间都具有相关关系，疏漏某个因素，很可能导致最终得到的结果不能真实地反映问题，无法给出有价值的指导。为避免有效元素的遗漏，在初选元素时，必须全面思考，提供尽可能多的备选因素。

5. 可操作性原则

因素的选择在保证系统全面性的同时，也要注意因素的评价难度。各个因素的评价模式不同，某个因素的困难程度太大，以至于影响了整个进程，最终结果也不尽准确，这样的因素是不可取的。应尽量利用现有的统计资料及有关环境质量评价的标准，要能周全地反映旅游环境质量的各种内在含义。

（二）指标体系构建理论基础

1. 生态旅游理论

这里所说的生态旅游，是前文中所分析的，即不对旅游目的地的天然生态环境造成不可逆负面影响的旅游活动，这种旅游行为是一种能够自我不断充实的，获取知识的同时推动经济发展的活动。生态系统是一个动态的平衡系统，每时每刻都在与其他各个系统交换物质、信息与能量，人类的旅游活动对其传递速度和方向都会产生一定的影响，只有顺应自然规律，合理开发适宜强度的旅游活动，才能够与自然良性共处。因此，必须从生态学的角度出发，才能够长久保持良性的旅游发展。

2. 旅游社会学理论

旅游活动的进行不仅对自然生态产生影响，同时也给旅游地的居民带来了巨大的变化。经济、文化、生活方式都会发生较大改变。旅游产业的发展带动居民的经济收益，不同文化背景的游客也会将不同的文化带到旅游目的地，改变原住民的思维模式、生活模式。

旅游地本身的社会环境也对旅游产业的发展具有抑制或推动作用，良好的社会治安、完善的市政设施、精神文明情况都会促进旅游的良性发展。

可见，科学的参考借鉴旅游社会学理论，能够更好地对旅游环境质量进行改进。

3. 系统学理论

旅游环境质量是一个十分繁复的系统，符合系统学研究的目标特征。这类研究通常依靠逻辑分析以及结合一般规律等方法，从复杂的系统目标提出支撑结构，然后按照层级模式层层分解为单个因素。在进行系统分析的时候，可以从单一因素分析到多因素联合分析。按照系统学理论的方法指导，能够更合理的理解旅游环境的质量分析。

（三）指标体系框架构建方法比较

旅游环境质量评价具有不易度量性与动态性等特性。首先需要建立适合旅游地旅游环境的指标体系，科学合理的指标体系对评价主体以及指标内容的选取有直接影响。通过综合分析与研究国内外相关指标体系构建方面的文献，笔者总结了两种常用的指标体系框架构建方法。

1. 模型分析法

模型分析法，即在已有的应用较为成熟的模型框架基础上，通过对评价主体的分析，进一步推导指标体系内容。

这类模型中，压力—状态—响应（PSR）模型无疑是模型的鼻祖，具有一定的代表力。PSR模型是经合组织在20世纪末提出的评价模型，通常将指标因子分为压力、状态和响应三类，主要针对环境方向的研究，侧重于人类活动与社会、自然环境之间的影响，强调可持续发展。在此模型的基础上，根据不同环境问题的需要，又出现了驱动力—状态—响应（DSR）模型、驱动力—压力—状态—影响—响应（DPSIR）模型等。

PSR模型的优点是着重反映生态、环境质量等方面的问题，能够体现因果关系，强调可持续发展。定量因素多，选取较为详细。缺点是指标过多，子系统之间容易混淆概念，子系统之间容易出现因素重复。

2. 目标定位法

目标定位法，即对评价对象的主要发展目标进行分析，按照平行式、垂直式或者混合式划分层次，构建指标体系框架。

平行式通常将目标系统先分解为若干子系统，然后子系统继续按照平行式思维分解。这种处理方式能全面的涵盖系统因素，缺点是子系统之间容易出现重复。

垂直式则是按照功能或者发展方向等对评价系统进行分解，将系统问题纵向分开，将目标系统的内部联系作为分析对象，例如自然环境质量评价的体系框架按照有利于人类生存与成长的环境条件分解，可分为生物多样性保护子系统、土壤保持子系统等。这种方式具有针对性，能增加指标体系的深度。

混合式则是将平行式与垂直式进行结合，这样建立的指标体系既能够全面的平等的分类，又能够增加部分解决深度问题的指标。这样建立指标体系，兼备平行式与垂直式优点的同时，也要注意整体性。

三、旅游景区环境质量的评价依据和标准

（一）旅游环境质量评价依据

1. 确保健康原则

确保人体健康，这不仅是旅游对环境质量的最基本的要求，也是保障人类活动和生态平衡的基本水准，使游人对有利于环境的产品和服务给予更多的偏爱，对有利于旅游持续发展的旅游产品和服务越来越感兴趣，环境质量得到不断提高。

2. 为游客提供高质量的旅游感受

这里主要是针对旅游者的感知环境而言，概括起来共包括两方面的内容：一是为旅游者提供明显高于一般生活与生产环境的环境质量，满足游客的享受目的，主要表征为自然环境要素（大气、水、污染物总量控制等）和游览住宿环境（如卫生、舒适、宁静等）；二是必须满足游客的审美及心理需求，使游人通过游览及其他各种活动，获得精神上的放松和生活上的体验。

3. 注意评价的客观性

在调查研究的基础上，确定不同时间、不同地点、不同环境特色的旅游资源对旅游环境质量的不同要求及衡量标准，增强评价的客观性，减少主观意识的强加，以避免对旅游环境的决策失误，达到改善提高环境质量的目的。

4. 确保三个可持续，处理好各方面利益关系

匡林在《旅游业与可持续发展》一文中认为的三个可持续是指：

（1）生态可持续

生态可持续指维持健康的自然过程，保护生态系统的生产力和功能，维护自然资源基础和环境。

（2）经济可持续

经济可持续指旅游保证稳定的增长，使当地经济发展和人民生活水平不断地提高，同时用经济手段管理资源和环境，使仍为经济外在因素的环境与资源内在化。

（3）社会可持续

社会可持续指长期满足社会及人们的基本需要，维护当代和后代人之间的资源与收入的公平关系，提高全人类的生活质量。

Farrell&Runyan 认为旅游与生态、环境的问题，实质就是有关各方的利益冲突问题。事实上，偏重于任何一方都会导致旅游环境的畸形发展，因此，必须紧紧抓住旅游环境中人地矛盾关系这条主线，协调好旅游业发展、旅游环境保护以及提高旅游环境质量三者的矛盾关系，达到旅游经济活动与旅游环境质量保护的谐和统一。

（二）旅游景区环境质量评价标准

旅游活动的目的要求旅游环境不仅要保证风光优美、空气清新，还要求清洁、卫生、安静、舒适，使游人在良好的旅游环境和独特的异地情调中获得身心的愉悦和享受，因此，旅游环境目标的制订要高于一般地区的要求和标准，这样的环境才有持久的吸引力。主要表现为：

1. 环境质量要素

反映一般地区旅游环境质量的诸因素应达到国家或地区所规定的标准。主要包括大气、水质、噪声、植被、土壤等生态环境因素。我国目前公布有环境质量标准、污染物排放标准、专业环境质量三套环境标准。包括《GB3095-96》大气环境质量标准、《GB3838-88》地面水环境质量标准、《GB/T14848-93》地下水环境质量标准、《GB309（GB12941-91》景观娱乐用水标准等。此外大气环境质量中还增加每立方米空气中负离子浓度指标，作为空气清新程度的标准。旅游区环境质量多要求执行一级或一类标准。

2. 绿地覆盖率

景区内绿地覆盖率不低于40%~70%，在自然风景区覆盖率大于70，景区周围必须具有较为完善的防护林带。

3. 环境卫生

主要包括旅游地卫生及餐饮、住宿环境卫生。旅游地无垃圾等污染物，垃圾能够及时得到清理。餐饮、住宿环境必须达到国家或地方部门规定的卫生标准。作为本身就构成旅游资源的饮食文化，也要具有地方特色。

4. 旅游区的功能及目标体现程度

旅游区的功能及目标确实得到突出体现。主要包括布局和谐且富于变化，旅游环境特色及个性突出，建筑物不破坏自然景观的完整性，建筑密度<10%，环境美景度、舒适度保持基本水平以上。此外，还应包括旅游区内功能区划分详细，景物绝对保护区、风景游览区、外围保护带（设置接待区、娱乐区、居住区、休疗区、服务性商业网点等）区分明显，处理好各功能区之间的关系等。

5. 交通环境

旅游交通环境成为限制性因素，表现为可进入性强。可进入性指旅游者进入旅游目的地的难易程度，以现代化程度、安全、准点、便捷等特点体现。具体衡量以进入旅游点、服务设施和参与旅游活动所付出的时间和费用为标准。具体内容包括交通工具、交通基础设施条件、服务效率、旅游线路的编排与组织等。

6. 旅游服务设施

包括旅游基础设施、旅游服务设施、旅游娱乐设施等，其水平的高低是某一地旅游综合接待能力的重要组成要素，也是旅游活动得以完成的重要物质基础和依托。

7. 旅游服务质量水平

利益服务包括旅游前接受的服务、在旅游产品消费过程中享受的服务和旅游结束后受到的服务三部分，为旅游环境中的软件部分，具有无形性特征。旅游从业者提供的服务方式、服务项目、服务标准、服务效率及服务态度等都对旅游者的旅游地感知形象起到重要作用。

8. 旅游地安全性

旅游者有享受安全旅游的权利。主要包括游客的人身安全和财产安全。具体以旅游地的法律、政策、卫生、设施、消防等多方面体现。

9. 旅游环境承载力

旅游环境承载力与实际客流量存在冲突、旅游超载严重是造成旅游环境污染的首要因素。某一地区旅游用地强度应以符合当地土地利用状况总体水平为准。

10. 旅游宣传

旅游宣传促销到位能够极大地提高旅游地的知名度。此处宣传促销可解释为两种含义：一是旅游的宏观宣传，即宣传旅游总体环境并推向市场，树立良好旅游形象；二是通过宣传的手段实现教育的目的，使游客在享受环境同时树立环境保护意识。

11. 地方经济效益

向当地政府及居民提供经济效益，发展中维护公平，提高旅游地居民生活水平，让人们更加明白和理解旅游能给环境和经济带来好处。

四、旅游环境质量评价方法选择

在选择评价方法的时候要着重考虑旅游环境质量评价的复杂性、不易度量性以及动态性等特点，所选的评价方法能够很好的融合定量与定性分析。笔者通过对相关文献进行总结发现，目前有多种方法可对旅游环境质量进行评价。

（一）层次分析法

层次分析法是起步较早，应用较为成熟，且使用范畴广泛的评价方法。它的评价核心是将总目标按照科学的逻辑，阶梯性分解，最后建立起一个全面的因素集合。由于各个因素对总目标的重要程度不同，互相之间的联系程度不同，故需先将因素进行两两对比，再经过综合处理判断，得出单个因素相对于高一级目标的重要程度，即权重问题。以此类推，对每一层级的目标都进行权重确定。

（二）模糊综合评价法

模糊综合评价法利用了模糊数学的原理，能够将不同评价模式的因子进行量化，最后得到方便统一对比的结果。通常所要评价的目标都是由多个因素构成，它们之间很难用一种方式得到评价结果，有的需要定量评定，有的需要定性评定，评定标准也各不相同。将这些因素进行模糊数学处理之后，能够统一到一种模式之下，方便判断。模糊评价使用的统一模式就是利用带有模糊性的分级，将各个因素按照其本身特色，按照好坏程度分为多个等级，一般以5个为宜。最后通过数值得到的结果对应到不同等级之中去。可按照最大隶属度或者其他相应的方式进行协助判断。

（三）人工神经网络方法

人工神经网络是一个动力系统，具有规模宏大，连续运行时间长，进行非线性运作等特点。它以神经科学为理论基础，以大脑的功能运作为模式，是大脑运作的模拟形式。它具有自主学习功能、联想功能以及自主寻找最佳解决方案的功能。例如需要让神经网络识别某类型图像时，可将图像库与识别要求向网络中输入，通过网络本身的自主学习，就会识别出想要结果。如果向网络内输入一个比较复杂的问题时，网络会通过高速的运算，在较短的时间内寻求出最佳解决方式。

（四）多目标决策法

多目标决策法以对比分析为基础，主要通过对比多个备选方案，最终判断出最优方案。通常我们所遇到的问题，并不是单一目标的，例如产品生产的决策，需要涉及几个目标同时实现，既要做到产量大、质量好，又要节约成本，往往这些目标之间是互相牵制的，使状态变得十分复杂，导致领导者很难做出决策。这种同时满足多个目标的方法即是多目标决策法。

（五）灰色关联度法

灰色关联度法是以几何曲线相似程度为基础的判断方式。通常我们所说的信息可以分为三种：已经了解的信息、不了解的信息以及不确定的信息。其中不确定的信息，具有被了解的部分，又具有未知的部分，我们称这种类型的信息为灰色信息。一些较为复杂的系统中，判断者很难辨认出什么因素是重要的、起主导作用的，灰色关联分析正对应此种情况。

它的解决原理是首先寻找出一个最具有代表性的参考案例，然后通过其他样本与最优案例之间的相似程度进行计算。这种计算模式非常适合表象明确的评价对象。

（六）物元分析法

物元分析法的基本思路，是将评价目标按照目标本身、目标的特点以及目标量值来进行描述。这种方法用以解决客观世界中不相容的问题。物元分析法结合了经典数学的形式逻辑与辩证逻辑，是思维科学、数学、系统科学的交叉边缘学科，是描述人脑思维想办法出点子解决不相容问题的工具。

旅游环境系统由于本身具有复杂性、耦合性与动态性，各个因子之间相互影响关系紧密，因此各个子系统之间的关系存在很大程度上的模糊性。

第三节 低碳型旅游景区的建设

所谓的低碳旅游景区是指将低碳化与环保的理念有机地融入旅游地的建设与各个项目当中去，在原有的传统景点的基础上引入一些节能环保，低碳的新技术、新设备，进而逐渐转变景区原有的发展模式，逐渐向低碳形式的转变，进而实现旅游景区的可持续发展经营。

一、低碳、绿色、生态旅游的概念

（一）低碳经济的概念

1992年6月，在里约热内卢召开了联合国环境与发展大会，大会提交并签署了《联合国气候变化框架公约》。《公约》确定的"最终目标"是把大气中的温室气体的浓度稳定在一个安全水平。1997年12月，在日本京都召开了《联合国气候变化框架公约》第三次缔约方大会，149个国家和地区的代表通过了控制温室气体排放的国际条约《京都议定书》，并于2005年2月16日正式生效。可以说，这项国际条约的提出，是人类历史上首次以法规的形式来限制温室气体的排放，从而缓解全球气候变暖问题。低碳经济的概念正是在这样的一个大背景下被提出来的。2003年，英国在能源白皮书《我们能源的未来创建低碳经济》中第一次将"低碳经济"作为一个新概念提出，这是低碳经济的概念首次见诸政府文件。而早在1972年罗马俱乐部发表的《增长的极限》中，就对高能耗、高污染、高排放的传统工业发展模式进行了反思。随着2009年12月7日防止全球气候变暖问题进一步加剧的哥本哈根国际气候峰会的召开,"低碳"这一概念更是被广泛地应用,并不断得到延伸与扩展,出现了所谓的低碳生活、低碳社会、低碳消费、低碳艺术、低碳旅游、低碳城市、低碳社区、低碳家庭等概念与话题。"低碳经济"更是受到了全球范围内的广泛关注,各国都先后提出了发展低碳经济的相关战略与措施。

随着全球气候变暖问题的进一步加剧,人类社会的可持续发展已经受到了严重威胁,应对气候变暖已成为全球面临的重大挑战。发展低碳经济势在必行,它是一场涉及观念制度、生活方式、产业结构、能源战略、国际合作的全球性革命。因此,联合国环境规划署将2008年"世界环境日"的主题确立为"转变传统观念,推行低碳经济",旨在引起国际社会对低碳经济的重视,从而进一步采取措施来发展低碳经济。

目前学术界对低碳经济概念的界定基本上达成了一致,下面列举几个定义用以参考。①付允(2008):低碳经济是在不影响经济和社会发展的前提下,通过技术创新和制度创新,最大限度地减少温室气体排放,从而减缓全球气候变化,实现经济和社会的清洁发展与可持续发展。②张妍妍(2009):低碳经济就是以低能耗、低污染、低排放为基础的经济模式。③李建建、马晓飞(2009):认为"低碳经济是低能耗、低排放、低污染的经济形态,其特点是通过实体经济的技术创新、组织创新、发展模式转型来减少对化石燃料的依赖,以降低温室气体排放量、适应和减缓地球气候变暖。其本质是通过不断增加对气候变化科技研发的投入,提高能源利用效率,开发清洁能源技术,优化产业结构,发展循环经济,重构经济社会可持续发展的微观基础。"④刘啸(2009):低碳经济就是以低能耗、低污染为基础的绿色经济。其核心是在市场机制基础上,通过制度框架和政策措施的制定及创新,形成明确、稳定和长期的引导及鼓励,推动提高能效技术、节约能源技术、可再生能源技术和温室气体减排技术的开发和运用,促进整个社会经济朝向高能效、低能耗和低碳排放的模式转型。

由此可见,低碳经济作为一种新的经济发展模式,应该具备以下四个方面的内涵:①低碳经济的关键。发展观念的转变,产业结构的调整,制度的创新,新能源、新技术的研发。②低碳经济的途径。通过碳捕获、碳蓄积、碳封存等技术降低碳强度单位能源消费量的碳排放量。③低碳经济的最终目标。实现经济增长的"碳脱钩"。④低碳经济的意义。实现人类自救、社会发展的可持续。

(二)绿色旅游的含义

绿色旅游的思想虽然在中国古代早已有之,但"绿色旅游"作为一种正式的概念是从国外引进的。20世纪60~70年代,随着工业革命的发展,人类对自然的掠夺也越来越严重。伴随着自然资源被破坏所带来的灾难,人们开始意识到与自然和谐相处的重要性,因此倡导了"绿色革命",希望能建立一种社会经济与自然和谐共生的"绿色文明","绿色旅游"的概念也就在那时候得以提出。绿色旅游是一种倡导绿色消费理念、绿色消费行为,坚持旅游的可持续发展的新的旅游模式。20世纪80年代,绿色旅游的概念传入中国,并得到了进一步的阐述。

肖胜和、连云凯(2001)把绿色旅游和生态旅游作为同一个概念来理解。他们认为,绿色旅游是生态旅游的大众化称呼,对象主要是一些自然遗产或民族文化遗产。邹统钎(2005)在《绿色旅游产业发展模式与运行机制》中指出:"绿色旅游是旅游系统在运行过程中依据减量投入、重复利用与再循环的原则使用与利用资源与环境,实现资源利用的高效低耗与对环境损害最小化的经济发展模式。"陈玲(2005)认为,绿色旅游是一种以自然环境为资源基础,以绿色理念为指导,坚持绿色经营管理、绿色消费,保护生态环境、合理利用旅游资源,具有强烈环保意识的旅游活动。

由此可见,绿色旅游的概念应该包含三个方面的内容:首先,绿色旅游是一种可持续的旅游发展理念;其次,绿色旅游是建立在尊重自然、保护环境的基础之上的经济发展模式;最后,绿色旅游体现了人与自然和谐共生的思想,体现了人类回归大自然的精神需求。

(三)生态旅游的概念

生态旅游的概念最早是由塞瓦略斯·拉斯喀瑞(Hector Ceballos-Lascurain, 1983)提出的。他认为"生态旅游就是前往相对没有被干扰或污染的自然区域,专门为了学习、赞美、欣赏这些地方的景色和野生动植物与存在的文化表现的旅游"。此后,国内外的很多学者都对生态旅游的概念做了阐述,不过至今为止,还没有形成一个统一的界定。下面列举一些观点以供参考。

1. 国外对生态旅游概念的研究

巴克利(Buckley)将生态旅游的概念阐述为以自然为基础的旅游、生态环境保护旅游、可持续发展旅游以及环境教育旅游的相交部分。库塔伊(Kutay,

1989）认为，生态旅游就是直接或间接促进环境保护，支持经济的可持续发展的一种自然旅游。库塔伊（Kutay）在他的另外一篇文章中提出，生态旅游是一种把自然环境作为旅游景区的一部分，并将生物资源和社会经济联系起来的旅游发展模式。伊丽莎白·布（Elizabeth.Boo，1990）认为，生态旅游是由生态和旅游组成的一个复杂的系统，它是运用生态学的思想来指导旅游系统，如旅游目的地、旅游业以及旅游者等的有序发展。伊丽莎白·布（Elizabeth.Boo，1991）将生态旅游定义为：生态旅游是指以欣赏和研究自然风光与野生动植物为目标，可以为保护区筹集资金，为当地居民创造就业机会，为游客提供环境教育，从而有利于自然保护的、去往相对原始的自然区域的旅游活动。世界旅游组织（1993）将生态旅游定义为以生态为基础的一种自然旅游形式。国际生态旅游协会（1993）对生态旅游的定义：生态旅游是具有保护自然环境和维护当地居民生活的双重责任的旅游活动形式。瓦伦丁（Valentine，1993）认为，生态旅游应该包括以下四个方面的内容：第一，基础是没有被污染的自然区；第二，具有生态的可持续性，即不导致环境质量的下降和环境的破坏；第三，具有合理充分地管理制度；第四，对旅游景区的保护有直接的贡献。埃尔坎·西拉卡亚（Ercan Sirakaya）、维诺德·萨西达兰（Vinod Sasidharan）、塞维尔·桑梅兹（Sevil Sonmez）1999年从供给的角度对生态旅游的概念进行了阐述。他们认为，生态旅游实质上是一种非消耗性、教育性、探险性的新型旅游，目的地是自然风景优美，文化和历史意义突出，未受或很少受到人类干扰、破坏的地区。

2. 国内对生态旅游概念的研究

国内学者也从各个角度对生态旅游的概念进行了阐述。郭来喜（1997）提出，生态旅游是以生态思想为指导，以自然资源为载体，旅游者高度参与，力求实现可持续发展的旅游体系。何光伟（1999）认为生态旅游是以可持续发展原则为指导，以感受和观赏生态环境、维护生态平衡为目的的一种新型的、绿色的旅游消费方式。李长荣（2004）将生态旅游定义为："生态旅游是在生态学和可持续发展理论的指导下，以自然区域或某些特定的文化区域为对象，旅游经营管理者通过规划、管理和协调，让旅游者在享受大自然的同时，了解和研究自然景观、野生生物及相关文化特征，让当地和旅游企业在经济上受益，并且文化遗产和生态环境得到保护的活动。"邹统钎认为："生态旅游是以自然风光以及具有地方特色的风土民情为基础，以生态思想为指导，集环境教育、解释和管理于一体的可实现持续发展的旅游体系。"

（四）低碳旅游的概念

低碳经济包括低碳发展、低碳产业、低碳技术以及低碳生活等经济形态。低碳旅游是低碳产业发展中的重要组成部分。低碳旅游作为一个概念的首次明确提出是在2009年11月深圳举行的"2009·两岸三地旅游行业发展高峰论坛"上。目前已有一些学者对它的概念和内涵做了阐述，如蔡萌、汪宇明（2010）认为"低碳旅游是指在旅游发展过程中，通过运用低碳技术、推行碳汇机制和倡导低碳旅游消费方式，以获得更高的旅游体验质量和更大的旅游经济、社会、环境效益的一种可持续旅游发展新方式"。魏小安认为，低碳旅游是一种在旅游活动过程中计算二氧化碳的排放量，尽量降低二氧化碳排放的旅游方式。

总结旅游界对低碳旅游概念的阐述，结合低碳经济的概念，本文将低碳旅游的概念总结如下：低碳旅游是指在发展旅游业的基础上，以减少碳排放为重要目标，降低能耗和减少污染，从而实现可持续发展的一种旅游发展模式。具体来说，低碳旅游是在低碳经济的大背景下产生的一种新的旅游方式，它倡导低碳行动，在旅游业的各大板块中尽量降低温室气体的排放量。这是一种以低能耗、低污染、低排放为基础的绿色旅游，但又比绿色旅游更进一层，它不仅提倡这种旅游理念，更倡导以实际行动承担起拯救"高烧不退"的地球的责任。如何在不影响旅游业发展的前提下，通过制度调整、观念转变和技术创新，来降低旅游业中的能源和资源消耗，最大限度地减少温室气体的排放，是目前旅游业发展的关键，也是无法逾越、必须要解决的问题。旅游业面临的选择不是是否要将传统的旅游发展模式向低碳化旅游发展模式转变，而是怎么样尽快适应低碳经济的发展浪潮，加快低碳旅游的理论研究与实践运行。

以低能耗、低排放、低污染为主要特征的低碳经济是中国经济乃至世界经济实现可持续发展的必然选择。作为国民经济战略性支柱产业，更是要借着国家大力发展低碳经济的这股东风，加大力度发展低碳旅游。中国低碳旅游的发展要从以下几个方面着手：①要加快构建和形成发展低碳旅游的战略性框架和整体规划体系。②加快对"低碳旅游试点区"的建设，探寻发展低碳旅游的具体实践经验和途径。③积极引进新技术和先进设备，加大对技术创新、新能源开发和低碳旅游人才培养的投资力度。④建立、健全发展低碳旅游的保障机制。⑤加强与其他产业的合作与交流，探讨发展低碳经济的经验，共同为应对气候变暖做出贡献。这是旅游业对低碳经济的积极响应，更是旅游业选择可持续发展的必然途径。

二、低碳旅游景区的概念及特征

（一）低碳旅游景区的概念

所谓的低碳型旅游景区是以旅游吸引物为依托，采用低碳化的建设和经营方式，以满足旅游者参观游览、休闲度假、健身科考等需求的独立空间区域。低碳型旅游景区是在传统的旅游景区基础上，在建设、改造与经营中加入低碳经济理论与低碳化的发展理念，利用各种新能源、新技术与新管理体制来转变景区的发展模式，使景区从传统景区向低碳景区转变，从而实现旅游景区的可持续发展。

《中国国家地理》杂志联合国内多名旅游摄影记者评选出了中国三大低碳型旅游景区：云南香格里拉，东北大兴安岭，贡嘎山燕子沟。不管这种评选结果是否公允，至少可以看出低碳型旅游景区所应具备的特征：①低能耗、低污染和低排放，这是低碳型旅游景区应该具备最核心特征；②制度、能源技术创新与发展观念的转变，这是发展低碳型旅游景区的必备条件；③景区发展的可持续性，这是低碳型旅游景区建设的长远目标。

低碳型旅游景区是在传统的景区建设中加入低碳理念，所有类型的旅游景区都可以进行低碳化建设，从而由传统景区转变为低碳型旅游景区。因此，低碳型旅游景区的分类和旅游景区的分类标准一样。本文参照阐如良和邓念梅对旅游景区的分类方法与标准，可以将低碳型旅游景区划分为以下类型。

（1）根据旅游景区功能的不同，可以将低碳型旅游景区划分为：观光游览型、历史遗迹型、休闲度假型、风情体验型、科考探险型以及康体娱乐型的旅游景区。

（2）根据旅游景区属性的不同，可以将低碳型旅游景区划分为：自然型、人文型、人工型、复合型的旅游景区。

（3）按照旅游景区成因的不同，可以将低碳型旅游景区划分为：自然形成的旅游景区，如国家公园、森林公园、地质公园、自然保护区等；初衷并非为吸引游客而建造的建筑或场所，如文化遗址、宗教场所、园林、名人故居、古代工程、宗教场所、工业旧址、风景名胜等；为吸引游客而建造的人造景观，如乡村公园、野生动物园、主题公园、博物馆、展览馆、温泉疗养地、高尔夫球场、度假村、海洋馆、园艺公园、美术馆、滑雪场等；特殊节事活动，如狂欢节、艺术节、宗教仪式、传统民俗节（但也有人认为此类不属于严格意义上的旅游景区）等。

总体来说，低碳型旅游景区应该包括自然类低碳型旅游景区和人文类低碳型旅游景区两大类。其中，自然类的低碳型旅游景区又包括经过低碳化改造与建设的地质公园、自然保护区、自然风景区、森林公园、世界自然遗产地、动物园、植物园与生物圈保护区等类型；人文类的低碳型旅游景区包括经过低碳化改造与建设的文化博物馆、民俗旅游区、宗教旅游区、工业旅游区、旅游度假区、游乐园场、主题公园以及自然文化双遗产等类型，具体如图 3-1 所示。

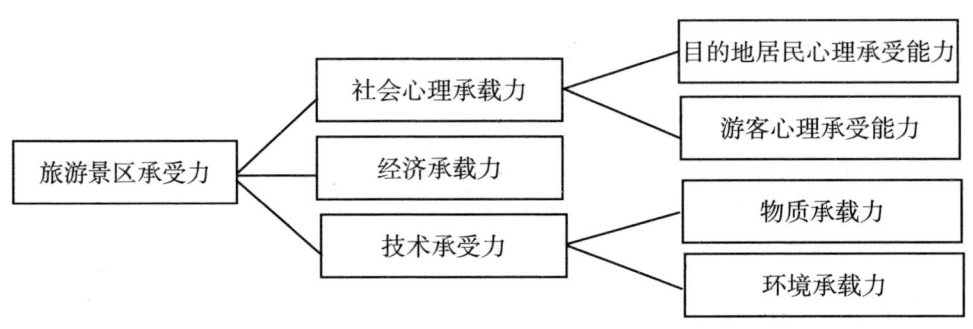

图 3-1 低碳型旅游景区类型图

（二）低碳旅游景区的特征

低碳型旅游景区所应具备的特征主要有三方面：低能耗、低污染和低排放，是低碳型旅游景区所具备的核心特征；制度、能源技术创新与发展观念的转变，是发展低碳型旅游景区的必备条件；景区发展的可持续性，这是低碳型旅游景区建设的长远目标。

三、低碳旅游景区发展的意义

（一）发展低碳型旅游景区的经济意义

近些年来，如何结合发展与环境保护，如何在发展速度与质量和环境的保护之间找到平衡点是我国现如今发展首先应解决的问题。在这种状况下，我国出台了一系列的环境保护方案，我们也大力号召各行各业的人士在环境保护的领域做出自己的的贡献。而旅游业作为我国当今发展迅猛又可提供大量的资产收入的第三产业重头部门，更应该顺应环境保护的大趋势在国家的领导下建设低碳旅游景区。对于我国这样一个最大的发展中国家而言，发展低碳型旅游景区有着重要的经济意义。

1. 直接拉动旅游景区的经济效益

随着我国经济的发展和居民生活水平的不断提高，我国旅游产业的发展也迎来了春天，从20世纪80年代初到20世纪90年代末，我国涌现出了大量的旅游景区和旅游企业，繁荣了旅游市场，丰富了人们的文化生活。但是随着市场的开发，旅游产业从卖方市场逐渐过渡到了买方市场，市场竞争压力逐渐增大，同质化倾向严重，加之缺乏有效的政策引导，监管制度不够健全，我国旅游产业收入近年来增长速度放缓，进入疲软期。而发展低碳型景区，建设景区环境和人类需求和谐发展的景区却在这样的大环境下成了新趋势。越来越多的景区通过综合发展战略完成了景区的绿色化和环保化的节能升级，在激烈的市场竞争中成功引起了消费者的注意。与此同时，低碳景区也得到了国家的政策支持和地方政府的引导帮助，可以说低碳型旅游景区已经成为当下旅游景区的全新发展模式，可以增加更多的曝光度和卖点，直接带动旅游景区客流量的增加，拉动经济效益。

2. 促进其他关联产业的发展

旅游产业是第三产业的重要组成部分，也是国民经济的重要组成部分。第三产业是国家经济发展水平的一个重要指标，是建立在第一产业和第二产业完善发展的基础上进行发展的，对第一产业和第二产业以及同属于第三产业的其他服务产业的发展都有一定的促进作用。低碳型旅游产业的发展势必会提高绿色产品营销的产值，会提升农产品的销售量，会促进公共交通行业的发展，会拉动低能耗产品的需求……与此同时，旅游产业本身就和餐饮产业、酒店产业、交通行业等公共服务行业联系密切，在自身发展的同时可以为这些产业的发展提供充足的市场资源，促进相关产业的发展。

3. 有利于国际旅游市场的开拓

我国的自然资源和历史文化资源极为丰富，对外国游客有着巨大的吸引力，但是同时我们也应该注意，国内的旅游市场吸引外国游客的是我们自然风光的秀美和历史文化的博大精深，并不是我国旅游产业的成熟运营和人性化的服务水平。我国的旅游景区建设水准和旅游企业的服务水准和欠发达国家相比，我国基础设施水平基本完善，可以满足游客的生理需求，但是和发达国家相比，服务水准和景区监管水准各地良莠不齐，违规运营的情况还时有发生，更重要的是我国很多景区的开发都是以牺牲自然环境为代价获取一时利益。而引进低碳景区的发展模式则有助于我国旅游景区和旅游企业的综合竞争力全面提高，吸引外国游客来华消费，带动当地其他产业的发展，同时也有利于构建我国旅游景区的品牌，绿色旅游和低碳环保在国外已经得到了消费者的青睐，在国内引进低碳景区发展符合外国游客的心理需求，也有助于我国旅游产业发展和国际接轨。

（二）发展低碳型旅游景区的社会意义

发展低碳型旅游景区的意义绝对不止促进旅游景区的发展建设，其意义在于通过发展旅游产业拉动整体的经济建设，并通过经济建设保障我国的社会发展，为我国的第三产业服务标准提供助力，同时以保障经济快速发展助力于全面建成小康社会的宏伟目标。

1. 减少整个社会的资源浪费

资源在人类的历史上占有着重要的地位。人类需要资源来促进自身的生产与发展。20世纪以来资源的战略地位日趋加剧。无论是海湾战争还是欧洲联盟对于俄罗斯的经济制裁，都是体现出了资源的战略价值。对于自身所掌握的资源如何让其发挥出更大的效益更是我国当前必须关注的要点。我国经济在发展过程中取得了很多可喜的成就，同时也面临着巨大的发展误区，很多行业在发展过程中以牺牲自然环境为代价，对自然资源进行掠夺式和破坏式地开发，在获得一时的经济利益后，却严重浪费了资源并且对环境造成了巨大的损坏。开展低碳旅游景区建设是旅游景区在观念上的一次改变，证明在景区的开发和过程中更加注重人与景区环境的和谐统一，人与自然资源的协调发展。低碳的直接成果是节约资源，而减少碳排放量也是间接地保护了我们的环境。

2. 对实现节约型社会有很大裨益

作为旅游业发展的主体和基础，旅游景区作为一种实体存在，在一定程度上反映旅游业的现状。随着近些年来旅游大热的现象，从实质上来看，旅游业的确能带来极大的经济效益，并在此基础上推动一个地方，甚至一个地区的经济发展。节约型社会的构建绝不应该仅仅是一句口号或者是"流于形式"的社会活动，节约型社会的构建一定要深入落实到产业当中，一定要落实到社会各行各业当中，只有这样将节能减排的理念实践落到实处，这样才能不断地发现问题，解决问题。开展低碳节能景区建设就是对节能减排理念的一次普及和实践，有助于整个旅游行业的观念的改进，也有助于落实具体的实践方法，为其他领域提供参考经验。

3. 为社会就业提供各种更多可能

在我国就业难的大前提下，低碳型旅游景点的建设无疑是为广大就业者们带来了福音。一个产业链甚至一个行业的形成，都预示着一批空闲职位的诞生。而处于这种新生状态的职业，往往需要大量的人才积累前期经验，这就为广大就业者提供了机遇与挑战。对于社会就业而言，全新的理念意味着全新的发展模式，全新的发展模式可以构建出全新的产业链条，在低碳经济这条产业链条上，涉及的行业越多，就会为更多的人提供就业机会，也就会带来更多的经济效益。

四、低碳型旅游景区的构建

（一）低碳旅游景区的政策支持

国家的政策支持是低碳景区建设的关键，国家出台操作性强的政策法规将低碳旅游标准化和制度化，从而加快低碳旅游建设的步伐。政府加大对旅游景区低碳项目建设的扶持力度，制定政策支持旅游景区、旅游饭店、旅游运输等旅游企业利用新能源、新材料，及时全面地引进节能减排技术，降低碳消耗，减少温室气体排放，最终形成旅游产业间的循环低碳经济模式；制定低碳旅游景区建设的标准，用低碳旅游指标对旅游景区及相关旅游企业进行管理与考核。

（二）低碳旅游景区的规划理念

打造低碳旅游景区的首要方向是创建循环型景区，即严格遵循循环经济量化、再利用、再循环的"3R 原则"，运用生态学规律指导旅游开发、旅游活动，在旅游资源开发和旅游活动中实现"资源—产品—再生资源"的闭环反馈式循环过程，把旅游景区清洁生产、旅游资源综合利用、旅游产品的生态设计和旅游者的可持续消费融为一体。

景区是旅游者开展旅游活动的主要场所，也是推行低碳旅游的主要场所。旅游景区在规划、旅游吸引物的营造、产品策划、设施配置等方面都要贯彻低碳旅游的理念，打造低碳旅游景区。

（三）推行低碳旅游企业建设

低碳旅游景区的旅游企业要树立低碳经济发展观，将低碳理念融入企业的经济行为领域，不断提高低碳旅游商品和旅游产品的比例。

1. 建设低碳旅游饭店

尽量选用本地的餐饮食材，选择绿色食品，以绿色理念全面创建低碳型旅游饭店。饭店宾馆的修建要采用新型节能环保材料；旅游饭店采用新型环保马桶，以企业的行为引导旅游者践行低碳生活；开发利用洁净能源；低碳旅游景区饭店要使用和推广低能耗的电器产品和节能灯具。

2. 建设低碳旅游交通

旅游交通历来是能耗和排污的大户，也是节能减排、发展低碳经济的重要方面。低碳旅游景区使用洁净可再生能源，研发新型环保交通工具；建设生态停车场，为游人提供环保观光车、电瓶车、畜力车、人力车等少污染或无污染的交通工具，来实现低碳旅游交通；实行交通管制，鼓励以步行或使用自行车的方式旅游，将因运输所造成的二氧化碳排放降至最低。

（四）建设低碳旅游行为

1. 进行低碳教育

在低碳旅游景区内设立有低碳教育功能的基础设施，通过一定的奖惩措施对游客进行低碳教育，使他们在旅游中自觉遵守景区条例规范，提高低碳旅游意识。

2. 发展低碳资讯

提供低碳旅游咨询、查询自行车租借点、提供低碳饮食资讯；营业低碳商店，提倡不使用一次性餐具，落实垃圾分类回收，不主动提供包装塑料袋，优先使用当地食材；培训专业低碳导游，在讲解过程中融入低碳旅游知识。

3. 力崇低碳行为

旅游者骑自行车旅游和徒步旅游；自带垃圾袋，将旅游过程中的垃圾带回；自带环保餐具；旅游者选择住绿色旅馆，自带牙刷、牙膏、拖鞋等物品。

4. 进行低碳活动

结合旅游景区的商业街、登山步道、自行车道等观光旅游资源，给旅游者提供自由品茶、读好书、骑自行车、欣赏表演等方式低碳生活的空间，多方面多形式地在低碳景区进行低碳活动。

旅游业的发展在低碳经济的背景下，依据低碳旅游的理论，创建低碳旅游景区，推广和实施低碳旅游，对旅游是一件有影响的事情。同时，对保护旅游生态环境，保持旅游业的可持续发展也有着重要的意义。

第四章　旅游景区服务质量评价研究

第一节　旅游景区服务质量

一、旅游景区服务管理概述

（一）旅游景区服务的概念

西蒙斯曾在《服务管理》一书中提道："服务是一个由在支持性设施内使用辅助物品实现的显性和隐性利益构成的'包'（package）。"服务包（service package）是指在某种环境下提供的一系列产品和服务的组合。该组合具有以下4个特征。

1. 支持性设备

在提供服务前必须到位的资源。例如，高尔夫球场、滑雪场的缆车、医院和飞机等。

2. 辅助物品

顾客购买和消费的物质产品，或是顾客自备的物品。例如，高尔夫球杆、滑雪板、食物、替换的汽车零件、法律文件及医疗设备等。

3. 显性服务

那些可以用感官察觉到的和构成服务基本或本质特性的利益。例如，补牙后没有疼痛感，经过修理的汽车可以平稳行驶，消防部门做出反应的时间等。

4. 隐性服务

顾客能模糊感到服务带来的精神上的收获，或服务的非本质特性。例如，贷款办公室的保密性，学位的身份象征等。

国际标准化组织颁布的 ISO 9004-2《质量管理和质量体系要素第二部分：服务指南》认为："服务是为满足顾客的需要，供方与顾客接触活动和供方内部活动所产生的结果。"并将服务内容概括为：设施、能力、人员的数目和材料的数量；等待时间、提供时间和过程时间；卫生、安全性、可靠性和保密性；应答能力、方便程度、礼貌、舒适、环境美化、胜任程度、可信性、准确性、完整性、技艺水平、信用和有效的沟通联络。

根据以上关于服务的两个定义，我们将旅游景区服务定义为：旅游景区的管理者和员工在特定的旅游资源环境下，凭借相应的旅游服务设施，帮助游客实现各种显性和隐性利益的过程。

由于服务性质千变万化，所以很难对服务管理作一般性地描述，然而，可以通过一个评价服务包的标准来认识旅游景区服务环境的独特性，它将有助于我们理解旅游景区服务管理所面临的一系列挑战。

（二）旅游景区服务的特性

服务的多重维度是服务传递系统设计和控制的核心。景区服务同样是在景区自然和人文环境中使用或借助服务设施设备向游客提供一种"经历"，从而实现显性和隐性的利益。

1. 旅游景区服务产品的共性

同其他服务产品一样，旅游景区服务也具有无形性、不可贮存性、无权性、生产与消费的同一性、不可转移性等一些服务产品所具有的最基本的特性，这些基本特性在旅游景区有不同于其他服务产业的表征形式和新的内涵。

2. 旅游景区服务产品的个性

除以上两个基本特性外，旅游景区服务产品还具有其他服务产品所不具有或不明显具有的一些特殊性质：服务内容的多样性、复杂性与综合性；服务对象的流动性；服务所借助的资源（环境）、设施的室外性与珍惜性；服务设施的非完全排他性。

（三）旅游景区服务环节

旅游景区服务的价值是由各个不同的服务项目来构成的，然而从更高的层次上讲，是通过旅游景区的各个服务接触环节来完成的，这些环节是景区服务链上不可或缺的组成部分，也是每一个服务项目得以实施的必要条件。

服务价值链上的每一个环节对景区服务的差异性都有影响。景区服务的内部质量优势直接导致外部质量优势，而连接内外服务质量的是服务接触。

服务由内向外传递的过程要求景区发挥企业文化和内部管理的功能，使服务人员能有效地理解景区的地方性、文化性差异，再将他们获得的自己认同的差异性传递给游客，带给游客最佳的服务感受。在服务接触的各个环节有各自的核心服务，这些是相对不变的，而经常变化的且能产生较明显差异的是服务的附加部分，如售票员的亲切态度、导游的殷勤、旅游商品的包装等。获得的服务感受能与旅游者的预期相符，甚至大于他们的预期，自然就能达到游客满意，最终导向对品牌忠诚。

正因为如此，企业在进行景区服务管理的时候，要全面地从服务的各个接触环节着手，以游客为导向，才能取得满意的效果。任何对某一服务环节的忽视，都会导致景区服务质量下滑，从而不能达到游客满意的目标，也就无法实现高水平的景区效益。

（四）旅游景区服务的内容

旅游景区提供或生产的服务具有很高的综合性，它由多种服务内容组合而成，而且旅游景区有不同的类型，包括风景名胜区、旅游度假区、历史古镇、主题公园、博物馆等，其景点体系的内容和特点、所处位置、功能等都有所不同，因此每一个旅游景区在服务组合上都会形成自己的风格和特点，不会千篇一律。我们对旅游景区的服务内容是一般意义或者说是总体上的认识，在此基础上，并不排除某些个别旅游景区的特殊情况。

（1）旅游设施和旅游活动服务。

（2）固定景物，如建筑物、雕塑、自然景物等；活动景物或运动景物，如各种表演性的节目（包括纯观赏性节目和可参与性节目）。

（3）旅游纪念服务，如摄像和提供照相设备、电池、胶卷等。

（4）导游服务，如景点讲解、电子导游等。

（5）入门接待服务，如检票、疏导游客等。

（6）游览服务，如旅游线路的设计、安排、推荐等。

（7）售票服务，如回答游客对票价的询问、点票、收款找零等。

（8）游客管理服务，如维护游览秩序、处理游客投诉及游客游览中所遇到的各类问题。

（9）生活服务，如餐饮服务、日用品零售服务。

（10）安全服务。确保一切旅游设施如景物、交通设施和交通工具、娱乐设施等的安全可靠、性能良好，维护景区治安。

（11）卫生服务。保持景区环境卫生的整洁，设立足够的卫生设施，配备足够的环卫人员。

（12）设施维修服务。照相、摄录设备和交通工具的维修服务。

（13）娱乐服务。按场地可分为舞台类、广场类、村寨类、街头类、流动类（如吉卜赛大篷车歌舞）、特有类（枪战场、滑翔基地）等；按活动规模和提供频率可以分为小型常规娱乐和大型主题娱乐；按活动方式可分为三种类型，各有自身特色及要求。

（14）商品服务，如提供各种旅游商品。

（15）告别客人服务，视情况致告别词或安排送别仪式、主动向客人征求意见以利于改进以后工作。

（16）其他服务，如存物服务、休憩服务（贵宾休息厅）等。

以上对旅游景区服务内容的分类可以概括为三大类，即导游服务功能、项目服务功能和综合服务功能。

由于旅游景区服务涵盖了食、住、行、游、购、娱的方方面面，而且由于旅游景区自身的性质和特点决定了不同类型的旅游景区提供的服务会有很大差异，因此我们对旅游景区服务管理的探讨，虽然力求全面细致，但是不可能深入到每一个具体的点，还望读者能够广泛地参阅其他文献资料，并结合实践，获得更多的知识和体会。

二、旅游景区导游服务管理

（一）游览线路

游览线路的作用是把旅游景区内各个景点和景物组织和贯穿起来，使它们形成一个有机的统一体。在方便游客到达景点（物）的基础上，尽可能增强审美功能、休憩功能、娱乐功能和其他功能。

1. 游览线设计原理

（1）景物之间要有时空连续性，动观感受比静观感受强。因为静观的感受只产生一个孤零零的画面，动观的感受则是把一个个孤立画面联系起来，形成景观整体的印象。游览线路组合的各个艺术画面，如连续镜头组合成的电影画面一样，能使人产生强烈的感受。所以，在组景设计时应充分考虑动观的效果。

（2）力求突出突变的动观效果。突变的动观相对渐变的动观给人感受量大。"山塞疑无路，湾回别有天"是人们对游三峡巫峡段的突变动观效果的概括。因此，在组景中常常采用先藏后露的障景手法，使游客的感受达到最大限度的强化。

（3）多次重复出现某一事物，以达到加深认识、强化美感的目标。在游览线设计中，要使游客从不同角度、不同侧面观赏到主景或标志性景物，以强化他们的感受，达到"日出峨眉照沧海，与人万里长相随"的境界。

（4）动观游览线的布局要富于变化，做到有扬有抑、有虚有实、高低起伏、曲曲折折，使人目不暇接，步移景异，像乘船游九曲溪一样，"曲曲山回转，峰峰水回流"。

（5）要加强景观提示。有提示的景观比无提示的景观感受要强。因为游客游览如读书一样，是信息积累和深化的过程。所以，在规划中应在游览道路的重要出入口、功能区、景区、重要景点设置导游标志，对游览内容和注意事项加以说明，增强游览效果。

2. 游览线设计的原则

（1）组景主题鲜明，既有统一感，又有层次感和变化感。

（2）游览线路组织要有序、符合人们认识事物的过程和习惯。可采取文学创作中的"凤头、猪肚、豹尾"的创作原则安排游览路线，做到有入景、有展开、有高潮、有结尾。入景要新奇，引人入胜；展开，即在景象特征、景感类型、游览方式和活动内容上不断变换，一波未平，一波又起，迂回曲折，起伏跌宕，使旅游者驰骋想象、流连忘返；高潮是游览感受最集中、最突出的体现，应安排在游人兴致最浓之际，有时利用景色自然条件制造悬念，使之隔而不断，若即若离，延长高潮时间，待成熟时达到"千呼万唤始出来"的高潮效果；结尾，应响亮、明快，让人感到"余音绕梁，回味无穷"。

（3）在设计游览线路时，应选择最佳的观赏点。观赏点应有最佳位置，形成远景、近景、特写景的组合，本着"美则显之，丑则隐之"的原则进行设计。

3. 景区内游览线的具体设计要求

（1）沿途有丰富的风景观赏面，有最佳的视角和视距，以扬景之长、避景之短。

（2）景内小径宜曲不宜直，宜险不宜夷，宜狭不宜宽，宜粗不宜平，保留自然风貌。游人或攀登、或越涧、或穿林、或涉水，不断变幻空间、变幻视线，处处领会诗情画意。

（3）根据步行的长度和攀登的高度，适时设休息点，走走停停，随处可安，灵活行止。

（4）景区游览线有多条，供不同年龄、兴趣的游人选择。

（5）游览线尽量为环形，不走回头路，使游人处处感到新奇，游兴未尽。

所以在设计旅游景区（点）的游览线路时，必须根据该景区（点）的自身地理环境特征和游客的需要来考虑。例如，我们要在三亚建设一个大型的海洋公园，由于三亚的气候炎热潮湿，因此应该考虑到要使旅游者在各个景点之间的行走距离最小化，而不是采用曲曲折折的游览线路。

（二）导游人员

旅游景区提供导游服务是非常必要的，许多游客也有这样的要求。相比之下，旅游景区的导游员比旅行社的导游员专业针对性更强，对景观内容了解得更清楚，因此旅游区一般都应配备一定数量的专职和兼职导游员。

1. 景区景点导游人员主要职责

（1）导游讲解

引导游客参观、游览，进行分段讲解和解答游客的问题是景区、景点导游人员最重要的职责。

（2）保护生态环境和文物

景区景点导游人员在带领游客参观游览时，要讲清景区、景点有关生态环境或文物保护的有关规定，并在讲解中结合景物宣传生态环境或文物保护知识。

（3）提醒和保护游客安全

景区景点导游人员在引导游客参观游览中要提醒游客注意安全，并在必要时给予帮助。

2. 景区景点导游服务的主要环节

随着我国国内旅游的蓬勃发展，景区景点导游服务也越来越重要，景区景点导游人员的队伍也在不断壮大。景区景点导游服务与旅行社的导游服务不同，一是其服务的地域小，仅限于本景区景点；二是服务内容单一，仅为游客提供导游讲解。但是，要做好景区景点的导游服务，导游人员需要对服务的景区或景点，乃至该景区或景点所在的地区有较全面、深入的了解以及相应的专门知识，如历史知识、地理知识、园林知识、生态知识、古建筑知识、文物知识等。景区景点导游服务主要包括服务准备、导游讲解和送别服务三个环节，具体要求如下。

（1）服务准备

①熟悉情况

景区景点导游人员在接待游客之前要了解游客的基本情况，如人数、职业、身份等，并根据游客的情况准备必要的专业知识和导游讲解的方式，熟悉景区景点有关管理规定，掌握必要的生态环境和文物保护知识及安全知识。

②物质准备

携带导游证、胸卡，准备好景区景点导游图或有关资料以及导游讲解所需的工具或器材。

（2）导游讲解

①致欢迎词

景区景点导游人员应对客人的光临表示欢迎，然后进行自我介绍，表示愿意为大家提供服务，欢迎给予指导。

②导游讲解

景区景点导游人员应首先对参观游览的景区或景点的简况向游客作一介绍，内容包括建设背景、历史沿革、规模、布局，以及有关规定和注意事项，然后带领游客参观游览、进行分段讲解。讲解中一要视游客的类型、兴趣、爱好的不同有所侧重；二要结合景物或展品，适时宣传环境、生态系统或文物保护知识，并解答游客的问询，参观游览中要注意游客的动向和安全。

③送别服务

参观游览结束后，景区景点导游人员要向游客致简短的欢送辞，内容包括对游客在参观游览过程中给予的合作表示感谢，征询游客对导游讲解以及景区景点建设与保护的意见和建议,欢迎游客再度光临。若备有与景区景点有关资料或小纪念品,可赠送游客,以作留念。

3. 电子导游

景区景点导游人员虽然在满足游客求知方面发挥了重要的作用,但是仍有许多游客在景区景点得不到较为满意的导游服务,一是因为导游人员数量有限,如果遇到高峰期便难以照顾周全;二是因为导游人员的精力和知识量是有限的,不可能在介绍的时候照顾到每一个游客的不同兴趣,做到面面俱到。随着现代电子信息技术的发展和游客对导游现场解说的需要,电子导游应运而生。

电子导游包括个人使用的电子导游器和人工导游带队使用的电子讲解系统两种类型。个人使用的电子导游器采用国际先进水平的数码处理技术,将专业录制的语音模拟信号进行编码、压缩、存储,然后通过专业芯片控制进行解码、放大后输出高质量的音频信号,通过耳机实现对号收听。人工导游带队使用的电子讲解系统将导游的语音讲解通过发射机对外发射,游客通过专业的接收机进行收听。在使用该系统的情况下,导游在类似"悄悄话"音量的讲解下可以保证每一个游客清晰地听到讲解的内容,既提高了游客的参观效果,又降低了导游人员的劳动强度。

此外,一些景区景点还配备有电子自动导游机。在2008年北京奥运会之前,北京20个景区就已经安装上电子自动导游机,增加了"电子导游",以方便游客对景区的了解和认识,"电子导游"具备智能引导、自动讲解、语言同步以及电子地图等多种功能。

现在,故宫博物院已开始率先投入使用普通话版、"王刚故事版"和"鞠萍版"电子导游器。"鞠萍版"电子讲解器是专门为少年儿童准备的。鞠萍姐姐以小朋友们熟悉的语言,介绍故宫的历史文化魅力,让小观众们充分领略故宫的建筑之美,源远流长的中华文化。这套讲解系统是目前世界上最先进的,导游器表面是故宫地图,标示出了故宫参观线路图和各个古建筑的位置。各景点都有一个特别的小红灯作为指示,游客每到一个景点,安装在这里的射频装置便会发射出相应的信号,导游器便开始介绍这个景点的内容,同时,该景点相应的小红灯会灭掉。如此一来,到过哪些景点、还有哪些景点没去、怎么走过去,在导游器地图上一目了然。

（三）旅游景区客户经理

管理人员处于旅游景区服务管理的第一线，具有与游客交流的得天独厚的优势。加拿大有关专家提出了 7C 理论来要求管理人员，即 care——关心：有责任感，关心游客，关心企业，发自内心地关心每一个游客所需要的细节；considerate——体谅：时刻为游客着想，体谅游客的难处，主动帮助解困；courteous——礼貌：对待每一位游客和工作人员都表现出发自内心的尊重；confident——信心：对自己的服务质量充满信心，让游客遇到困难时因有了你的服务而增添了克服困难的信心；creative——创造性：为游客提供高质量的个性化服务；control——控制：控制服务的进程和质量，节制自己的不良情绪；contagious——情绪感染：通过良好服务感染游客，扩大影响。

关于景区客户经理的概念，它来源于同样具有 7C 理念的饭店"金钥匙"服务。"国际金钥匙组织"是成立于 1929 年的国际个人组织，代表饭店服务最高水准。"金钥匙"是英文单词 concierge 的意译，泛指高档酒店的门童及其他礼宾人员。"金钥匙"传达了这样一个理念：为客人提供"满意＋惊喜"的个性化服务，并让客人惊喜中找到"富有的人生"。

饭店"金钥匙"服务同样可以延伸到旅游景区景点的管理当中。景区客户经理具有和饭店"金钥匙"异曲同工的作用，他们具有广博的知识并且乐于助人，具有很强的独立处理各种紧急情况的能力，具有良好的亲和力和人际沟通能力。景区客户经理体现了景区服务的最高水准。其服务内容具有广泛性和不确定性，必须随时依照游客的需求而改变，但一般情况下，景区客户经理的服务内容包括向游客提供各类信息咨询，本地至外地主要城市的航班、火车、汽车等信息，本地游览路线、娱乐场所、食宿游购等信息；对于特殊的游客，景区客户经理还可能需要为他们安排下一站游览的车船、联系下一个景点、联系住宿、提供紧急救助等其他帮助。

总之，景区客户经理的服务内容和工作职责是非常广泛的，可能涵盖到游客作为一名顾客的每一项合法需求。因此这就要求景区客户经理必须具有扎实的业务素质和良好的个人修养。同时，景区客户经理也是旅游景区景点品牌建设的一个重要方面，通过提供"满意＋惊喜"的个性化超值服务，能够使景区景点的品牌价值得到提升，使其知名度和美誉度在一定程度上得到扩大。

二、旅游景区项目服务管理

（一）旅游景区项目的类型

旅游景区项目按活动的规模和提供的频率可以分为小型常规游乐和大型主题娱乐两大类。

1. 小型常规游乐项目

小型常规游乐是指旅游景区长期提供的游乐设施及活动，占用员工较少，规模也小，游客每次得到的游乐时间也不长。其形式可分为三大类及若干小类。

（1）表演演示型

①地方艺术类，如日本"茶道"、吉卜赛歌舞等；

②古代艺术类，如唐乐舞、祭天乐阵、祭孔乐舞等；

③民俗风情类，如对歌求偶、绣楼招亲等；

④动物活动类，如赛马、斗牛、斗鸡、斗蟋蟀、动物算题等。

（2）游戏游艺型

①游戏类，如街头舞蹈、秧歌以及其他民俗舞蹈；

②游艺类，如踩气球、枪战、猜谜语、卡拉 OK 等。

（3）参与健身型

①人与机器

人机一体，包括操纵式（滑翔、射击、赛车、热气球等）、受控式（过山车、摩天轮、疯狂老鼠等）；

人机分离，包括亲和式（翻斗车）、对抗式（八卦冲霄楼）。

②人与动植物

健身型，包括钓鱼、钓虾、骑马等；

体验型，包括观光茶园、观光果园、狩猎等。

③人与自然

亲和型，包括滑水、滑草、游泳、潜水、温泉疗养等；

征服型，包括攀岩、滑雪等。

④人与人

健身型，包括高尔夫球、网球、桑拿浴等；

娱乐型，包括烧烤、手工艺制作等。

在表演演示型、游戏游艺型、参与健身型三大类别中，游戏游艺型是一种过渡形式，一些比较简单的、对人数限制不大的舞蹈往往在演示过程中邀请游客模仿参与，是一种很能活跃气氛的大众性游戏。

2. 大型主题娱乐

大型主题娱乐是旅游景区经过精心筹划、组织，运用大量员工和设备推出的大型娱乐活动，是在景区小型娱乐基础上的点睛之作，一般先是进行较高频率的广告和宣传，用心营造特定氛围，从而掀起游客入园新高潮。当然，旅游景区游乐项目还可以根据不同的标准进行分类，如按照参与程度可以分为游客完全自助和非自助（包括观赏和参与性节目）游乐项目。

（二）自助游乐项目管理

自助游乐项目主要是指在旅游景区内部，游客利用景区提供的场地、资源和各种辅助设备，在景区工作人员的指导和管理下，完成的一种旅游活动。常见的自助游乐项目有野营、狩猎、森林浴、定向越野、极限运动、滑雪、滑草等各种体育运动。

自助游乐项目管理的主要原则是：为游客提供适宜的场地、丰富的资源、完善的设施设备，提供活动指导帮助，保证游客的人身安全。在这一基础上，旅游景区的自助游乐项目管理还要特别注意在项目设计上下功夫，注重每一个细节，力求为游客创造一次完美的旅游体验。

（三）节庆与艺术展演活动的组织、开发和管理

成功的旅游景区总是充满活力，节庆艺术展演是旅游景区的活力源泉之一，艺术展演对于一个旅游景区来说起了画龙点睛的作用。如苏州乐园集区位因素、科学命题、文化内涵、娱乐景观为一体，既有参与性强的、代表国内最先进水平的娱乐项目，也有静态、观赏性的水上风景、音乐喷泉、欧陆风情等，加上烟火晚会、滑稽舞会、摇滚乐队、水上芭蕾、仲夏啤酒节等点缀性项目，把各种年龄层次的游客带到"新、奇、乐、趣"的美妙世界，的确让人感到物有所值。从经营的角度看表演产品的特点是开发成本高、生命周期短、文化内涵高、轰动效应大，这就给旅游景区表演艺术产品的开发带来了很大的挑战。旅游景区表演艺术产品的开发与经营必须注意雅俗共赏，以节庆活动为载体，加强与外界的合作和交流，坚持民间开发与商业经营的发展道路。

旅游娱乐活动有以下几个基本特征：①强调具有民族特色和地方特色，使旅游者耳目一新，产生差异吸引力；②强调欢乐、热闹、幽默、雅俗共赏，使大多数人喜闻乐见；③强调参与性，满足顾客的表现欲，活跃现场气氛；④时间要适宜，日场50分钟左右，夜场1.5小时左右；⑤节目编排要针对客源市场，要有差异；⑥固定演出时间。

1. 游客参与，雅俗共赏

丰富的表演和游客的参与为旅游景区增添了欢乐的气氛和审美的情趣。我国旅游景区经营的经验表明，旅游景区的成功一是靠参与性旅游项目，二是规模互补。节庆活动要超前推销，要增加旅游景区自身主题活动的比重；艺术展演不仅要有新意，还要有较高的文化品位和较强的参与性。新意不仅指"新、奇、特"，还包括雅与俗。雅是指文化含量高，品位高；俗是指通俗，参与性强，不是低俗与粗俗。要坚持高品位、高格调，以丰富的文化内涵，给人美的享受。无锡影视城推出"三英战吕布"的表演，马术队员化装成三国群英，打斗场面很吸引人；影视城还精心策划，使表演节目增加参与性内容，如"抛绣球""皇家婚礼"等，均有游客参与，并设计了参与性更强的娱乐项目，如投壶、射箭、骑马以及三国城内的跑马、游泳、斗牛等。这些项目给游客带来了体验的乐趣，也为无锡影视城增添了更多欢快的游乐氛围。

旅游景区的艺术展演要注重雅俗结合，其根本在于可以产生差异感、新鲜感与吸引力，俗可以产生市场规模经营。从经营的角度说两者缺一不可。不雅就没有比较优势，没有吸引力；不俗则市场规模太小，经济上不可行。雅与俗的结合有两种途径，一种途径是雅的节目搭台，俗的节目唱戏，即开辟一些高雅的表演艺术产品来吸引顾客，产生轰动效应，同时配合俗的表演艺术产品让群众参与，提高经济效益。另一种途径是雅之俗化，即把那些高雅的表演性的艺术产品部分通俗化，成为群众能够参与的艺术产品。在夏威夷，土风舞是非常高雅的艺术，在国际上也是一种高雅的表演性艺术产品，而聪明的夏威夷人将之俗化，在夏威夷的海滩上到处可以看见夏威夷的土著居民教游客民俗化的夏威夷土风舞，非常受游客欢迎，每天在海滩上学习土风舞的人数不少于百人。

2. 对外交流，合作开发

旅游景区表演艺术产品的经营主要是靠交流与合作而非独立开发。市场的地域分割决定了表演艺术产品交流的巨大潜力。交流与合作是延长表演艺术产品寿命，减少开发成本，丰富产品类型，实现资源共享、循环利用的最佳选择。

旅游的季节性决定了旅游景区长期供养一支庞大的艺术展演队伍的成本很高，同时长期在一个地方表演容易使演员产生疲劳厌倦，解决这一问题的关键是合作与交流。旅游景区可与邻近的艺术院校、演出单位建立长期的合作关系，把旅游景区作为艺术院校和演出单位的培训基地、实习基地和表演场所，而旅游景区可以从艺术院校及演出单位得到表演所需要的人员。两者优势互补，资源共享。由于有长期的合作关系，还可合作开发新节目。旅游景区的另一个重要合作对象是众多的民间艺术团体。在夏威夷，每年要举办许多节庆艺术展演，它们往往是由民间机构组织的。最典型的是夏威夷土风舞、日本民族艺术展演协会、波利尼西亚民间艺术协会等非营利机构，它们积极参与举办的各种节庆艺术展演都是自筹资金，以弘扬民俗艺术为目的。这些机构与旅游景区的合作非常高效，而且很受欢迎。

在开发表演艺术产品方面，旅游景区应加强与研究机构的合作，大力挖掘地方特色艺术产品，复古、创新表演艺术产品的具体形式。我国有五千多年的历史，有幅员辽阔的国土，在我国挖掘具有民族特色的表演艺术产品可以说是大有可为。相对而言，南方注重精巧，北方注重宏大；江南比较注重商业文化、衣食文化，而燕赵大地注重帝王文化、战争文化与政治文化。

表演艺术产品长久的生命力的来源是交流，国内交流与国际交流是表演艺术产品的活水之源。对表演艺术产品来说，没有任何一种方式比交流更有效、成本更低，而且能大大延长表演艺术产品的寿命。由于地域风格的作用，一种产品在北方已经是成熟乃至老化产品，而在南方很可能是个全新的产品。杭州的茶道表演在浙江可能吸引力不大，但到了北京就有可能焕发青春。交流无疑使表演艺术产品的创新源地由单点变成了网络。

交流还强化了表演艺术产品的原汁原味、真实性。北京一些旅游景点的民族舞蹈是模拟我国少数民族的舞蹈进行的排演，从真实性与地方性来说远不如各民族当地的一个乡村歌舞团。

3. 民间开发，商业经营

旅游艺术产品与别的产品最大的不同是在价值交换、使用后能实现经济效益与社会效益两种不同的价值。从总体上说，表演艺术产品能给经营商带来经济效益，同时又传播了文化。由于表演艺术产品的这种特征决定了表演艺术产品民间开发与商业经营相结合是旅游景区表演艺术发展的最有效途径。旅游景区作为企业以营利为主要目的，注重的是表演艺术产品的经济效益，而民间艺术展演团体，如地方戏剧协会、地方民族委员会等机构是非营利机构，对艺术展演追求的是其社会效益，即其弘扬民族文化方面的作用，两者可以互利互惠，相得益彰。

从商业经营的角度看，旅游景区重点应放在对表演艺术产品的包装与推销上。旅游景区应强化表演艺术品的健身、交流与观摩学习三种功能，这是表演艺术商品化的出发点。表演艺术商业化经营的另一个途径是边缘产品的开发，如举办各种类型的表演艺术培训班，销售表演道具、服饰、音像产品等。

节庆表演艺术产品开发的周期是一个关键问题，要想旅游景区保持长久的生命力，观赏性艺术产品与参与性节目就要不断地推陈出新。但是开发周期过短，会导致人为地缩短表演艺术产品的寿命，开发成本过高，而开发周期过长又不利于形成规模效应与群体效应。

旅游景区节庆表演艺术产品要求项目新颖、质量优良、价格合理、营销到位，符合当代人的审美情趣和观赏心理，真正做到物有所值。

三、旅游景区综合服务管理

旅游景区服务具有综合性、关联性、开放性、发散性的特点，尤其是对于大型景区而言，游客在景区内完成一次旅游活动可能涉及吃、住、行、游、购、娱各个方面。旅游景区综合服务管理的内容在不同类型的景区可能会有很大的差异性，因此，对于旅游景区的综合服务管理就显得尤为重要。

（一）配套服务项目管理

旅游景区配套的服务项目一般有餐厅、商品、照相服务、茶座、小吃、饮料销售等。其服务项目的多少，各旅游景区各不相同，管理方法也不一样，有的是旅游景区自设，有的是和外单位联营，有的是出租房屋设施，管理工作以自设和联营为主，需要根据服务项目和经营方式，采用不同的方法。

1. 饮食管理

一般旅游景区都设有饮食部，管理下属餐厅、快餐服务或酒吧。旅游景区饮食管理的特点如下。

（1）旅游景区中饮食部的客源不稳定，应重点抓游人高峰期的用餐管理。节假日、周末、大型娱乐活动期间客人较多，其他时间客人较少，有的部门甚至是季节性营业。因此，旅游景区饮食管理的重点在于高峰期客人的用餐。饮食服务既要保证干净卫生，又要做到快速准确。

（2）一般旅游景区中的饮食销售以中低档食品、快餐和小吃为主（旅游度假区除外）。所以应坚持薄利多销的基本原则，以提高经济收入。比如苏州虎丘景区在景观主干道的一侧开辟了一块小食摊，专门出售当地的特色小吃，如豆腐干、豆腐脑、八宝粥等，价格便宜，风味醇正，赢得了过往游客的青睐。当然客源充足、游人档次较高的旅游景区则不在此列，可适当调整饮食结构。像旅游度假区便可开设具有各国风情特色的餐厅，其管理方法与饭店餐厅、涉外餐馆类似。

2. 旅游商品销售管理

旅游景区一般都设有商品部和小卖部，销售旅游商品。旅游商品销售管理要注意以下三个方面。

（1）旅游商品的质量

旅游商品企业在经营过程中所提供的旅游商品本身既要反映出一个国家和地区的文化传统、人文历史、风俗习惯、经济发展状况，又要注意商品本身的纪念性、收藏性和实用性等。旅游商品的质量还包括商品的品种、花色、规格、数量是否满足不同层次旅游者的需要，是否适销对路；应季商品、配套商品、免税商品、特需商品是否齐全；商品质量是否完好无损、是否符合卫生标准，是否符合一些国家和地区的风俗习惯、法律要求；商品质价是否相称，计量是否标准，包装是否完整、美观等。

（2）劳务质量

一是营业人员自身的素质，主要包括营业人员的态度、知识和技术。在态度方面主要包括营业人员的仪表仪容、服务语言，特别是外语掌握的程度以及动作行为是否能达到"热情、方便、熟练、周到"。在知识方面主要指营业人员对商品知识、业务知识和社会知识的掌握程度。商品知识主要包括商品的名称、价格、材料、种类、构造、型号、性质、特长、产地、设计、制造、保管方法等。业务知识主要包括基础管理知识、基本核算知识及职业道德知识。除此之外，营业人员还应掌握广泛的世界地理、历史、风俗礼仪及顾客心理知识等。技术是指营业人员应掌握的待客技术、包装技术、书写各种发票、支票技术、信用卡的识别使用技术，以及计算机、收款机的操作技术等。二是为顾客提供各种服务项目和服务时间，如为顾客提供售前售后服务的邮寄、保管、托运、修理以及为顾客办理商品的入关手续等。

（3）旅游商品环境质量

环境质量是指旅游商品部在满足顾客参观选购商品的过程中，其营业环境和设施需求的优劣程度。它包括店面设计、橱窗设计、店堂卫生、室内温度、灯光音响、广告宣传、环境美化以及卫生间、休息室等附属服务设施。

3. 照相业务管理

旅游景区一般都为客人提供照相服务。其业务管理重点要注意两个方面：第一，合理设置网点。由于旅游景区占地面积大，一般应在入口处、重点娱乐区、休息区和景点优美突出的地区设置照相服务网点。管理过程中要制定柜台纪律、售货程序，满足客人需求，提供优质服务。第二，为客人提供照相服务的风景旅游区，可配备好摄影师，2到3人一组，做好照相登记和收款管理。每天营业结束后，款项清楚，日清日结，以保证旅游景区营业收入。

4. 游客中心

旅游景区大都设有游客中心，如杭州西湖风景区、上海新天地景区等。游客中心一般设在景区的入口或游人相对集中的位置，以方便游客到达。游客中心提供的基本服务包括：各种旅游资讯，订购各种表演的门票，索取免费的旅游手册，出售旅游书籍、明信片、纪念品、邮票、电话卡和兑换钱币，并可为游客预订酒店与提供旅游配套服务。如果该旅游景区的国际游客较多，那么游客中心还应提供翻译服务。

目前国内还出现了一些规模较大、功能更加完备的游客中心，比如厦门鼓浪屿景区，其游客服务中心的展厅面积达1200平方米，是鼓浪屿景区对外服务的重要窗口。游客服务中心拥有5个功能区：景区游览展示区、咨询与票务服务区、旅游纪念品购物区、博饼民俗文化休闲活动区、物品寄存及投诉受理区。大厅门口还有6台触摸式自动查询机，内容包括鼓浪屿的自然风光、门票、游览线路、风貌建筑、音乐文化等简介。放映室里，游客可以通过艺术风光影片了解鼓浪屿的全貌。大厅内有展板介绍鼓浪屿代表性景色，还有微缩的鼓浪屿山地模型。在博饼民俗馆，有一口巨大的曾用于"中秋王中王大赛"的博饼瓷碗，两边有博饼的各种珍贵藏品，同时还有可供游人试一试的博饼游戏。

（二）特殊服务（主要在旅游度假区）

旅游景区除了提供以上介绍的各项基本配套服务外，还可能提供一些超出基本服务外，经过特别定制的服务。

1. 导游服务

旅游度假区通常面积较大，有较多的旅游景点。为了有效地组织游客旅游、购物、娱乐，往往要配备导游服务。在旅游景区以及相邻地区设计几日游的各种旅游路线，供游客选择。这种导游服务的典范是地中海俱乐部（Club Med）的"和善的组织者"或"亲切的东道主"（即法语：Gentil Organisateur，G.O. 是 Club Med 的注册商标），它是地中海俱乐部度假村的灵魂。俱乐部把在度假村度假的游客叫作"和善成员"（gentils members），和善组织者与和善成员在度假村住在同等客房，在同一餐桌用饭，共享度假村的各种活动乐趣。

2. 教练服务

许多娱乐活动尤其是体育活动需要较高的专业技巧，像高尔夫、潜水、冲浪、帆板、垂钓、赛马、滑雪、独木舟等都需要专业技巧，而且有一定的危险，这种活动多属于青年和中年人的活动，人员更新较快，对于初学者必须要由教练培训指导。这样，一则可以提高运动水平，激发参与者的兴趣；二则可以避免意外伤害。教练要有广博的专业知识，具有教授各级水平参与者的能力，良好的从业背景、管理能力与比赛知识，有些项目还要有陪练员。

3. 托儿服务

在许多度假区都设立了托儿中心。由于旅游市场年轻化，大量夫妻携子女出外旅游，为了真正使游客无忧无虑，许多度假区都提供托儿服务，如拉斯维加斯某一度假区的希尔顿饭店就经营了一个全球性的教育及消遣综合机构，名为青年饭店，这个饭店为 3~16 岁的儿童及少年提供有人监护的消遣活动。对于不同的年龄级别，活动与服务不同：年龄大者有台球、拳击、篮球、周末少年舞会等；对于学前儿童则组织小组游戏、提供益智玩具等。地中海俱乐部设有照管 4 个月以上婴儿的婴儿俱乐部，照管 2 岁以上幼儿的迷你俱乐部，专供 10 岁以上儿童活动的儿童俱乐部，各种年龄的孩子均有专人陪伴，大人不受拖累，孩子不受限制，让游客在游玩过程中无牵无挂，无忧无虑。

从目前来看,各种新颖的设施、活动与服务层出不穷,而且更新很快,其中包括各式各样的俱乐部、残疾人服务中心等,因此旅游景区应留有一定的扩张余地,及时根据市场需求更新、重组景区的设施、活动与服务,以应对外来竞争。

第二节 景区服务质量的研究进展及评价

一、服务质量的研究进展及评价

对市场营销的研究是从早期对农产品销售的关注开始的,后来扩展到工业产品。在市场营销学发展的若干年里,服务管理与营销始终是一个被遗忘的"角落"。科恩沃对服务业的一句评论反映了当时的学者们对服务业研究的冷漠,他是这样评论:服务业的运输、会计、保险和银行这些行业虽然十分重要,但是它们只是为生产和销售商品服务的工具而已。直到20世纪60年代以后,一些学者开始将目光投向了服务管理与营销的研究上来。这一时期的代表人物约翰逊在他的论文中提出"服务和商品是否有区别",由此引发了学者们对服务和商品的论战。

20世纪80年代初,北欧学派代表人物克里斯丁·格罗鲁斯提出了顾客感知服务质量概念,使服务管理和营销的研究迈进了一步,标志着服务管理和营销学真正诞生。克里斯丁·格罗鲁斯这个概念的提出完成了服务管理与科学中最重要的概论界定,推进了服务管理与营销学的发展。在以后的二十年为学者们对服务质量的相关问题做了大量有意义的研究工作,可以将其归纳总结为三个阶段:

第一个阶段:起步阶段(1980—1985年)主要是对服务管理和服务质量管理领域中一些基本的概念进行了定义,比如顾客感知服务质量等一系列概念提出,这些概念的界定为今后的研究发展奠定了坚实的基础。由于起步阶段的研究还局限于单个概念的界定,因此这一时期所提出的模型大多属于静态模型,对于其他要素与感知服务质量之间的关系研究得较少,比如顾客满意与感知服务质量之间的关系。

第二个阶段:发展阶段(1985—1992年)将研究重点转移到对服务质量的构成要素上来,比如对顾客感知服务质量测量要素的选择,特别是PZB于

第四章 旅游景区服务质量评价研究

1991年提出的"理想服务"和"恰当服务"的概念，为今后的"容忍区域"的概念和模型奠定了基础。还提出了服务质量差距模型，对感知服务质量的评价给予了关注和研究并提出了SERVPUAL评价方法。

第三个阶段：深入发展阶段（1992至今）对于服务管理和服务质量管理的研究呈现出一些新的特点，研究更加深入、系统，并将原有的成果进行整合和发展，这一时期提出的模型由静态化向动态化方向发展。比如，1995年托雷·斯坦德维克（Tore Standvik）所著《顾客感知服务质量"容忍区域"》和维罗妮卡·利兰德（Veronica Liljander）的专著《顾客感知服务质量研究中的比较标准》都采用了新的研究方法提出了关系模型。对顾客满意、顾客忠诚、企业竞争力、顾客感知价值和顾客感知服务价值这些要素的关系提出了很多有价值的新观点。

如果进行追溯，斯旺和康姆斯关于服务质量的研究对于学术界启发性意义巨大。1976年斯旺和康姆斯在对产品感知绩效的研究方面通过大量的实证研究得出结论。他们认为消费者感知的产品绩效是由两个部分构成的，即产品的表达性绩效和产品的机械性绩效，这个结论对于服务产品质量问题的研究的启发性很强。斯旺和康姆斯指出，表达性绩效是一种心理性绩效，它与技术质量传递方式相关，机械性绩效是产品的技术质量。根据他们的观点，表达性绩效类似于服务的过程质量，即服务提供者与顾客之间在服务生产过程中的互动关系。而机械性绩效则侧重于是服务的结果。这种分类方法和研究角度为格罗鲁斯构建的服务质量模型以及对服务质量的"微分"奠定了基础。这种对产品绩效的"分块"研究对于服务业的借鉴意义很大。在这之后，萨瑟等人认为服务质量既包括服务的结果也包括提供服务的方式。

学者们提出了许多种不同的观点和看法，并且认为有形商品与服务之间存在差异。1984年，芬兰瑞典经济管理学院的格罗鲁斯教授提出了顾客感知服务质量的概念并对其内涵进行了科学界定。研究格罗鲁斯的观点可以发现，他的研究基础是消费者研究理论，许多内容是从消费者研究理论中借用的，比如他借用了斯旺和康姆斯的观点。格罗鲁斯教授将顾客感知服务质量界定为顾客将服务感知与服务期望之间进行比较的结果。他还对顾客感知服务的基本构成要素进行了界定，认为技术质量和功能质量构成了顾客感知服务质量，将有形产品质量与服务质量两个概念从本质上区别开来。

服务质量管理研究领域中最重要的理论之一就是格罗鲁斯所创建的

感知服务质量评价方法和差异结构。在他之后美国的服务管理研究学者A.Parasuraman, V.Zeithaml,and L.Berry（以下简称PZB组合）。1985年他们提出了服务质量差距模型，他们最初将影响服务质量的因素归纳为十类，后来又经过修正将其缩减到五类。他们最初给期望下的定义是期望是顾客想象服务是什么样的，后来又对这个概念进行了多次修正，最后将期望分为恰当服务和理想服务两大类。PZB还在十要素的基础上建立了SERVQUAL感知质量评价方法，被广泛应用于各个行业的服务质量评价。1991年PZB对感知质量进行了重新界定，并以此融入了容忍区域概念。容忍区域概念的提出将期望与绩效的差距分了两部分，即感知服务合格度差距和感知服务优势度差距，这种划分服务质量管理提供了理论依据和方法，在管理学上具有非常重大的意义。PZB对顾客满意与服务质量这两个概念分离开来。他们认为，服务质量与顾客态度关系密切，顾客对于服务质量的认知是随着时间的推移而累积起来的，顾客满意是刚结束的一次服务的结果。顾客满意度取决于良好的顾客感知服务质量，而良好的顾客感知服务质量来源于服务绩效与理想服务质量的比较结果。

  PZB的研究成果得到了学术界的广泛认可，比如北欧学派的代表人物格罗鲁斯。在他2000年的专著《服务管理与营销——基于顾客关系的管理方法》对PZB的观点进行了评论，他认为PZB的研究结论逻辑性严密，即顾客先对服务质量感知，其次是对服务质量满意或者不满意的感知。格罗鲁斯很早就意识到顾客对服务质量的感知是分层次的，而不是一次交易的结果。但遗憾的是格罗鲁斯对这个问题并没有进行进一步的研究。

  由于地缘的关系，格罗鲁斯的这种转变受李亚德尔和斯特拉迪维克两人的影响较大，尽管这两位学者在服务管理领域的名气远远小于格罗鲁斯，但事实上，从关系层面上度量顾客感知服务质量的设想和理论基础是这两人奠定的。他们在1995年出版的一篇论文集中，对服务过程进行了重新划分，并提出了"关系模型"的概念。

  另外几位学者对顾客感知服务质量的研究也做出了很大的贡献，其中包括美国的约翰逊和鲁斯特等。约翰逊对顾客感知服务质量度量的研究方面做出了自己的贡献，他所大力推行的美国消费者满意度指数对于推动累积性顾客满意的研究起着非常大的作用。鲁斯特在服务效益与服务质量关系"e服务"方面进行了探索性的研究。他撰写了专著《服务质量收益》一书，在书中他从四个方面提出了自己的观点：第一，质量是一种投资；第二，并非所有对质量的投资都"物有所值"；第三，对质量的这种投资必须得符合经济法则；第四，质量投资过度的行为很有可能会发生。以上这些观点对于纠正服务管理工作中的一些误区起到了非常重要的作用。比如，忽视成本与服务质量的关系而盲目追求服务质量的现象。

二、景区服务质量研究进展及评价

质量问题研究最早出现于制造业，研究重心是如何在生产过程中减少不必要的浪费与如何减少产出次品。随着经济的发展，这一认识发生了很大的变化，由最初的只注重结果到注重生产的全过程。在质量管理的发展过程中，也相应从产品质量控制到全面质量管理。随着经济的全球化，质量管理的国际化进程加快，ISO9000是一个标准系列，于1987年被国际化标准组织认可并采纳。

1991年国际化标准组织发布第2号质量指南标志着质量在服务行业的规范化运作的开始。在这个标准中，产品的概念被国际标准化组织扩展到了硬件、软件、流程性材料和服务等四个部分。这个标准的发布标志着包括旅游业在内的服务行业质量管理走向标准化、正规化。进入20世纪90年代以来，随着旅游业竞争的加剧，学术界开始广泛关注服务行业的质量管理问题。尤其是对于旅游企业而言，质量是提高竞争能力的法宝。在这期间，全面质量管理、顾客满意理论在旅游业界得到广泛应用。

然而，景区质量管理问题的研究一直滞后于旅游业的其他行业，如饭店业。其原因在于饭店以企业经营为主，对服务质量相对重视，而景区由于其属性的多样化以及产品的特殊性，对服务质量问题并没有引起高度重视。即使像美国、英国那样的旅游业发达的国家，景区服务质量管理也处于相对弱势的地位，原因在于自1874年后以来，美国将自然资源与环境条件优越的地区都已经划定为国家公园，属于国家所有，由国家进行统一管理与经营，并以环境资源保护为己任，虽然也对公众开放，从事景区开发经营活动，但不属于纯经营性景区，资源保护经费与公园的日常开支主要以国家财政拨款或由大财团捐款为主，这样使得对以游客为中心的服务质量的研究与管理相对滞后。当然，商业化运作的景区对服务质量的管理与控制是十分重视的，如迪士尼公司经营的主题公园。迪士尼公司以经营娱乐性的产品与项目为主，在全球扩展之快是罕见的,许多人士认为,这固然与其具有吸引力的游乐项目有关,但是,其真正的"迪士尼魔力"在于公司对顾客至上的服务,迪士尼由此成为世界上景区服务质量管理与控制的楷模。

从景区管理的内部结构分析,服务质量管理是最为欠缺的。这在很大程度上与景区服务质量认定上的难度与管理控制上的难度有关,使得对其的研究与管理处于落后状态。斯沃·布尔克(Swar buooke,2002)认为质量管理研究及质量管理在景区业的应用尚处于早期。

国内对景区服务质量的研究和实践与国外有相同之处。长期以来,我国的景区以风景名胜区为代表,其主要功能是保护资源,经营管理水平包括服务质量管理水平相对滞后,1989年深圳锦绣中华主题的开园,使人们对景区管理思路的认识发生了改变。1994年5月的《旅游调研》专门对深圳锦绣中华主题公园的管理模式进行介绍,其中提到的"由防范式管理转变为疏导式管理""洗手间管理""强化制度建设,体现亲情教育""以优质服务为本,注重口碑"等思路确实带来了全新的景区管理理念。与此同时,我国国内旅游业进入到快速发展时期,在景区的经营过程中一些服务质量管理的问题已经渐渐暴露出来,不仅影响了景区的形象,而且还影响了景区的可持续发展。旅游业的管理者与研究者才开始关注景区服务质量管理。

1995年5月23日,云南省率先颁布了《云南省旅游景点管理服务规范及考核标准试行》,由各个方面的内容组成,具体考核分成三部分。其中必备设施包括14个要素,服务质量包括8个要素和管理包括9个要素。每个要素均有确定的分值,在考核合格的基础上分A级景点和2A级景点。《云南省旅游景点管理服务规范及考核标准试行》第一次对景区的服务要素做了明确的分类,并应用定量评价方法,对景区实行等级评定,促进了我国景区服务质量管理向系统化、科学化、规范化方向发展。

1998年6月26日,深圳锦绣中华和中国民俗文化村率先成为我国首家通过ISO9000国际标准认证的景区。标志着我国景区质量管理开始与国际接轨。1999年7月,经国务院经济体制改革办公室批准,"山东泰安市泰山环境综合管理"项目被列入《中国城市综合发展项目》,由中国—加拿大项目执行机构正式实施,该项目在景区客户服务的研究和实践上取得了重大突破,使泰山风景名胜区在服务管理上走在全国前列,同时也为诸如风景名胜区类的资源型景区服务质量管理提供了思路。1999年10月1日,国家旅游局正式颁布《旅游区点质量等级的划分与评定》标准，2001年按该标准首次评选出187家4A级景点，标志着我国景区质量管理已全面走向正轨。

由于景区服务质量管理工作处于起步阶段，理论研究相对薄弱，目前还缺乏系统的研究。北京大学的吴必虎于2001年对旅游学术界影响较为广泛的核心期刊《旅游学刊》进行了统计，发现从1987年至1999这期间发表的学术论文中，关于景区的研究数量非常有限，总数只有6篇。相对于同时间的论文总数篇1435相比，几乎可以忽略不计；与同属于目的地服务子系统的食宿接待服务管理的163篇论文相比，也存在着较大的差距。

三、旅游服务质量评价的研究进展及评价

（一）国外研究进展

1. 概念的提出与发展

二战后，世界各国为了增加外汇收入大力发展旅游业，并通过旅游业的带动作用推进相关产业的发展与进步。这一阶段的旅游业开始向大众化和社会化方向发展，旅游业的大发展给各个旅游目的地带来了大批的游客，游客大量的到访使得各个旅游目的地的服务质量承受巨大的考验。由于游客旅游体验价值的高低直接影响到旅游目的地的发展，旅游目的地的旅游服务质量情况引起一些学者和旅游界人士的广泛关注，现实情况使他们意识到，旅游服务质量评价正在成为关乎旅游业发展前景的重要课题。有形产品的生产部门最先开始服务质量评价理论的研究，芬兰的格朗鲁斯（Gronroos）于1982年第一次将服务质量理论引入旅游学的研究，提出了旅游服务质量的概念，并且区分了旅游服务质量与有形产品的质量。紧接着蔡特哈姆尔（Zeithaml）等人在1985年提出了"顾客感知服务质量（Perceived Service Quality）"的概念，并且认为其高低取决于服务过程中顾客感知（Perception）与对服务的期望（Expectation）之间的差异程度。1988年蔡特哈姆尔（Zeithaml）、贝瑞（Berry）、帕罗苏洛曼（Parasuraman）三人（简称PZB）设计了SERVQUAL差距分析模型，用来衡量不同服务之间的质量差别。他们将评价服务质量的标准设计为5项：响应性、可靠性、移情性、保证性和有形性。这种评价模型是建立在很多方法论的基础上形成的。最初该模型应用于美国金融部门，随后广泛应用于图书馆、医疗诊所、信息行业、公共部门等服务部门的服务

质量评价。SERV QUAL 差距分析模型得到了许多营销专家的认可，被认为是适用于评估各类服务质量的工具。

进入 20 世纪 90 年代以后旅游业的竞争进一步加剧，旅游服务质量日益成为旅游企业的竞争法宝，旅游服务质量问题受到广泛的关注。这个时期有学者将 SERVQUAL 差距分析模型引入到旅游业当中，将其作为旅游服务质量评价工具，如饭店、旅行社的服务质量评价中，并通过大量的实证研究说明 SERV QUAL 质量评价模型在旅游业当中的适用性。这个时期的代表人物是李润乐（Yun Lok Lee），他于 1985 年在进行法国餐厅和中国餐厅服务质量的比较研究时应用了 SERV QUAL 模型。他通过大量的调查数据对顾客期望和感知的服务质量进行了对比研究，最后得出结论：分析工具对于餐厅管理人员及时发现服务过程中的问题非常实用且操作简单，有利于餐厅管理者根据调查结果制定方案提升餐厅服务质量以达到顾客满意。1999 年，特里·林（Terry Lam）使用 SERV QUAL 模型来研究香港旅行社投诉较高现象，他从响应性、可靠性、移情性、保证性和有形性这 5 个维度针对旅行社的顾客进行了关于服务预期和感知服务的测量。他通过实证研究得出的结论，顾客对旅行服务的总体满意度与这 5 个维度高度相关。2000 年，阿里·瑞切尔（Arie Reichel）利用 SERV QUAL 模型分析研究了以色列乡村地区的旅游服务质量，他针对来当地旅游的 206 位游客和 23 位企业家进行了调查研究，从而发现期望值与感知值的差距。杰伊·坎丹普利（Jay Kandampully）于 2001 年研究了 SERV QUAL 模型在酒店业与旅游休闲业中的适用性。布鲁斯·乌尔当（Bruce S. Urdang）在 2001 年对旅行社的服务质量进行研究的时候，提倡旅行社管理者在进行顾客满意度调查的时候使用 SERV QUAL 模型，以确定顾客满意度的要素构成。

2. 理论和应用的争论

尽管在 SERV QUAL 差距分析模型产生以来，旅游学者们对于其在旅游服务质量评价中的应用在其之后的几十年中从未停止过，然而由此而来的争论和批评却也层出不穷。争论主要表现在对于问卷量表设计的有效性和可靠性方面。1999 年，卡曼（Carman）认为运用 SERV QUAL 差距分析模型进行旅游服务质量测量时，只有结合被测量部门的特点对于其中的 5 个维度和 22 个测量项目进行修正，SERV QUAL 差距分析模型才能得到比较准确的运用。皮特（Pete）和布朗（Brown）等人于 1993 年在进行旅游住宿设施服务质量的实证研究过程中,对于方法的可行性和有效性产生了争论。他们在对游客的实际调研过程中发现,SERV QUAL 中所使用的 5 个维度由于相似性极大,因此游客不能很好区分这 5 个维度之间的区别,从而造成了调研结果的不准确性。萨利赫(Saleh)和瑞恩斯(Ryans),在 1991 年进行的研究中发现定义的 5 个维度中,只有有形这个维度相对容易界定,而其余 4 个维度很难用文字准确的描述和界定出来。与其相似的研究发现还有汤普森(Thompson)于 1994 年指出,5 个维度中其中有形性和可靠性较易进行解释,而保证性、响应性、移情性这 3 个维度不容易准确解释出来。埃金尼克(Ekinic)和莱利(Riley)于 1998 年针对这 5 个维度的有效性进行了实证调查,其结果显示服务部门不同,这 5 个维度的有效性是不一样的。

  SERV QUAL 差距分析模型的方法体系的建立起初并不是由实证研究得出的,而是基于经验主义的结论得出的,因此它只能评估服务行业的一部分,而不能评估所有服务行业。如果要将其应用于旅游服务质量评价的研究,则需要针对旅游业的特点和所研究的对象对维度和测量项目进行有目的的删改和增加。除此之外,设计测量问卷时要注意措词的准确性,尽量避免诸如"应该"这类具有引导性的词语。引导性的词语使用会诱导被测者提高期望值,从而降低问卷的效度。然而即使研究者对于问卷进行谨慎缜密的设计,由于被访游客的知识层次、个人经历等不同,对问卷的理解不尽相同,这在一定程度上也会影响调查结果的准确性。

  虽然长期以来,有关 SERV QUAL 差距分析模型的争论在学术界从未停止过,但是其仍然是当前旅游服务质量评价中使用最广泛的方法。

3. 对理论和应用的改进

  学者们在进行旅游服务质量评价的研究中,不同程度的对于 SERV QUAL 方法体系中的维度和测量项目进行了调整和改进。1992 年,勒布朗(Leblanc)对加拿大旅行社顾客感知的服务质量进行实验性研究的时候,所建立的模型与 PZB 的类似,只是他将服务维度从 5 个增加到了 9 个。1994 年博贾尼(Bojani)和罗森(Rosen)在测量连锁餐馆店的时候运用了 SERV QUAL 差距分析模型,研究发现顾客期望关注的焦点集中于有形性、可靠性和保证性这 3 个维度上面。2003 年尤克斯·埃金奇(Yuksel Ekinci)等借鉴了 1996 年贡德森(Gudersen)研究成果,他在对英国 Gretan 住宿设施服务质量进行评价的时候,调整了 SERV QUAL 模型应用于他的研究。他在研究中将感知服务质量归结为有形性和无形性两个方面。并对这两个方面进行了解释,他将有形性界定为硬件设施的功能性和景观的视觉美感度,无形性界定为服务人员的服务水平。2003年约翰·阿卡玛(John Akama)和达米安娜·基蒂(Damiannah Kieti)对肯尼亚西察沃(Tsavo West)国家公园的服务质量和游客满意度进行分析研究的时候,运用了SERV QUAL差距分析模型。他们在原先的维度基础上又增加了价格和价值认识个维度共7个维度。他们这一研究提高了这个模型使用的适用性和有效性。

(二)国内研究进展

1. 理论研究

国务院于1985年6月7日颁布了《风景名胜区管理暂行条例》,目的是为了加强对风景名胜区的管理,对于风景名胜区的资源进行更为合理的开发、利用和保护。然而,这个条例中并没有关于旅游服务质量的规定。随着中国经济的发展,国内旅游蓬勃发展,使得我国景区服务质量问题越来越明显地暴露出来。直线上升的游客投诉量严重损害了景区形象,影响到了景区的可持续发展。1999年10月1日,国家旅游局正式颁布中国旅游行业管理、旅游标准化建设的第一个国家标准:《旅游区点质量等级的划分与评定》。2002年6月全国旅游标准化技术委员会通过了《旅游区点质量等级的划分与评定修订稿》,使其更加符合当前旅游景区点发展的实际需要,在具体条文和内容上更加科学、严谨、完善。

90年代中期,中国的旅游学术界开始研究旅游服务质量问题,对这个问题的研究起源于关于我国旅游质量标准建立的探讨。1997年,王大悟针对我国旅游标准化的问题进行了探索性研究,他提出了关于旅游服务质量和服务体系的20个要素。1999年,张广瑞引入了联合国的《暂行中心产品分类》和世界旅游组织《旅游活动标准国际分类》等对于旅游服务在国际上的分类方法。1999年李艳白提出了旅游服务质量标准包括3个方面:旅游项目新颖、服务设施完备、服务及时周到。随着对于旅游服务质量研究的深入,一些学者开始了对旅游服务过程中质量问题的研究。汪孝纯于1999年研究了宾馆服务质量;同年沈向友针对旅行社服务质量问题和游客满意度的影响因素做了深入研究;2001年李锐对于旅游服务质量产生的根源与影响因素做了进一步的分析和探索;2005年董观志和杨凤影对景区游客满意度测评体系进行了研究,提炼了影响旅游景区游客满意度的主要因素并构建了测评游客满意度的指标体系,运用模糊综合评价法建立了测评游客满意度的数学模型。

国内学者从不同的着眼点和切入点对旅游服务质量评价体系进行了大量的研究工作,并取得了一定的成果。但总体而言,目前的一些研究理论的出发点大部分是旅游业管理者或者从业人员,而从游客参与、游客体验和游客感知角度进行探索和研究的成果相对较少。游客是景区服务质量的接受者和旅游产品的消费者,同时也直接参与了景区服务整个过程,因而也是景区服务质量最有话语权的评判者。景区服务质量评价的研究首先要从研究游客旅游期望和实际感知入手。

2. 评价方法的应用研究

近年来学者们将多种服务质量的评价方法应用于景区服务质量的评价中,进一步推动了关于景区服务质量研究向更深更广地发展。1995年,邹统钎运用社会心理学的方法和理论将社会交换论的方法运用到旅游质量的研究中,他提出了旅游服务质量的决定因素——宾主关系是一种社会交换关系,因此衡量服务质量的标准是这种社会交换过程的互惠、公平与自愿。2002年赵洁将信息管理学的方法和理论引入到旅游质量评价的研究当中,并构建了基于Browers/Server 的旅游服务系统 TSS,对其软件结构、系统功能和关键技术进行了深入分析。

2003年张立军从模糊数学的角度分析了旅游服务质量评价的特性,并建立了旅游服务质量的模糊评价模型,提出了评价的构成要素。2004年吴晓隽从感知服务质量的角度出发论述了服务质量的控制。国内学者在进行旅游服务质量评价的研究过程中,引进了西方学者在这个领域的新的研究方法,同时国内学者还从游客心理、服务主体感受等多领域、多学科地对旅游服务质量进行了分析和研究。一些具有数理模型、计算机系统控制学科背景的学者还从这两个方面进行了极富价值的探索性研究。然而遗憾的是,到目前为止还没有形成一套成熟的、可以广泛进行推广的研究方法体系。

国际方面在旅游服务质量评价方法的个案研究上是一个极具活力的研究领域,在我国学术界研究的学者则相对比较少。2001年麻亚军将旅行社作为研究案例,通过研究旅行社服务过程的所有要素,找出这些要素的重要环节,从而构建了服务蓝图。

2002年，郎富平对杭州旅游质量进行了抽样调查研究，指出了杭州旅游服务质量存在的问题并进行分析，提出相应的改进方案。2003年，党忠诚和周支立运用SERV QUAL差距分析模型对陕西省新悦饭店进行了服务质量满意度测量，并采用鱼刺图对饭店服务质量问题进行分析，并提出改进方案。由于历史和现实等诸多方面的原因，我国对旅游服务的系统研究远远滞后于实践的需要，使得旅游服务质量评价的理论研究不充分，评价方法的实践探索也相对落后。因此如何将国外较为成熟的研究成果运用到风景区旅游服务质量评价的实践中去，建立起一套实用于中国旅游业的服务质量评价方法，是国内研究工作者和旅游业界人士应该共同关注的一个迫切问题。

四、现有研究的不足和待解决的问题

在对旅游服务质量评价的研究视角上应该更加多样化，从游客的角度出发，重视旅游者的旅游感知、旅游体验，拓展旅游服务微观层面的研究。关注景区的旅游功能、服务功能，对旅游产品的服务特征、游客的旅游需求予以重视。

在研究内容上应该更为具体化，注重个案研究，针对有代表性的景区开展实证研究，使研究结果更具可操作性和可推广性。在研究方法上更加严谨，运用各种技术手段和工具，在实地研究和统计调查研究的基础上建立模型进行数理分析和定量分析。加强引进国外比较成熟的旅游服务质量评价方法，结合国内景区的具体情况进行相应改进，使现有研究成果更好地为开展旅游服务质量评价工作服务，也达到拓展国内相关研究领域的目的。

针对现有研究的不足之处，论文将对景区旅游服务质量评价指标体系进行构建，评价量表将结合实证研究与检验，这在国内的案例实证研究中比较少见。论文希望达到丰富旅游管理学中相关研究内容的目的，并对景区管理起到一定的借鉴作用。

第三节 基于游客感知的景区服务质量管理

一、景区服务质量问题分析

服务质量管理对景区的重要性，提高服务质量是提高游客满意度、提升景区整体形象、确立竞争优势的重要途径。景区服务质量较突出的问题主要

表现在以下几个方面。

(一) 景区服务质量问题

1. 技术性质量不健全

技术性质量是指服务结果的质量,是服务的可见部分。由于目前众多的旅游企业在服务质量体系中各个子系统之间缺乏有效的衔接机制,造成无法向游客提供高质量的旅游产品,特别是在旅游旺季,游客数量的增大,更加大了各级子系统之间的衔接难度。其主要存在以下几个问题。

(1) 基础设备设施保养问题

在一些开发较早的景区中,由于景区运营时间较长,各种基础设施设备普遍老化,然而维修保养制度又不健全,更新不及时,就会导致各种设施出现故障。例如,景区内公共电话机故障,标识标牌虫蛀腐朽,休息座椅残缺不全等问题。

(2) 安全问题

游客进入景区后,景区有责任和义务确保游客人身和财产的安全。但目前景区还存在有游客受伤等意外情况发生,景区的安全防护措施不到位再加上工作人员没有做好及时处理工作,就会使游客的权益和利益受损,引发游客不满,严重地会影响景区经营及声誉,导致坏的口碑传播。

(3) 卫生管理问题

无论是哪种类型的景区,都存在卫生管理方面的问题,例如,调查研究结果显示,大多数景区厕所卫生存在问题,景区部分地面清扫不及时,存在卫生死角等。这些都导致游客对景区服务质量很不满意,直接影响到游客在景区的游览情绪。

(4) 信息渠道不完整

就实证调查的结果来看,目前我国大多数景区向游客提供的信息不足或属无效信息,使游客明显处于劣势。主要表现为三个方面:其一是信息的非交互式,目前主要是游客被动的接收信息。其二是网络平台建设欠缺,信息内容单一,缺乏实时有效的信息或可满足游客多方面、特殊需要的信息。大多数景区的网络预订服务无法实现。其三是对游客的售后服务信息关注不够,使得反馈信息得不到及时合理的反应,应急措施得不到保障。

2. 功能性质量欠佳

功能性质量是指服务过程的质量，是服务的可感知部分。目前不少景区对功能性质量重视不够，服务可信度不高。具体表现为：

（1）服务缺乏时效性

游客对于服务等待时间与服务过程时间都会有一个心理预期，如果提供服务时间符合游客的这两个预期时间，游客就会感到满意，对服务质量评价就高，然而，在现实中服务提供时间超出游客预期时间的现象十分普遍，尤其是在旅游旺季更为突出。比如，游客排队等待游览景点、排队等候参加某个游乐项目、排队等候享受旅游配套服务的时间过长。除此之外，由于交通拥挤给游客造成的等待和处理投诉的时间过久而给游客造成的等待。服务人员工作时，没有融入服务角色中。

（2）服务人员的服务意识淡薄

服务意识由四个方面组成：一是提前预测游客可能会遇到的困难，并给予及时地解决；二是当游客出现问题时，按规划化的程序予以解决；三是遇到特殊情况时，提供针对的服务妥善解决游客的特殊需求；四是杜绝发生不应该发生的事情。然而目前景区服务人员缺少这方面的专业培训与训练，大部分服务人员不具备预测服务需求、提供应急服务的能力。有的甚至连最基本的服务工作意识与素质都不具备，在为游客提供服务时态度生硬、表情淡漠，语言基本技巧、服务程序的规范性、沟通的技巧性欠佳。

3. 服务质量不稳定，服务质量水平波动性大

景区服务质量不稳定突出表现在不同服务项目的质量差异性以及不同时间段服务质量的差异性。

目前景区所提供的各项服务中，游览服务，包括游览环境、游览秩序以及景点建设方面游客的满意度较高，但购物服务、信息服务、服务人员的服务态度等满意度较低。

除此之外，景区的安全服务也存在较多问题。安全是人们外出旅游考虑的重要的因素之一，也是景区服务内容中最基本的要素，安全服务到位时，也许游客并不一定能感知到，然而一旦出现问题，就会给景区的整体形象带来极大的负面影响。总之，景区服务质量差异性在不同的服务内容中是客观存在的，从游客的旅游体验整体性角度考虑，任何一项细小的服务内容出现质量问题，都会造成游客对景区服务质量评价降低。

不同时段服务质量的差异性主要指服务质量会随着旅游的淡、旺季发生波动。不论在旅游淡季还是在旅游旺季，服务质量问题均不同程度的存在于各旅游区中，但质量问题各不相同。旺季的主要问题是服务供给不能满足服务人游客的服务需求，以观赏点空间、环境空间、服务设施和服务人员短缺引起的服务质量问题最为突出。淡季的主要问题是服务上的偷工减料引起的，一些景区为控制成本减少服务次数。

此外，景区服务质量的不稳定还表现在不同服务人员提供的差异性和不同服务对象享受服务的差异性。服务人员存在素质、个性、能力等各方面的差异。在提供服务时就会出现较大差异。即使是同一个服务人员，其提供的服务也不会是一成不变的，它受到服务提供者当时的心情以及自控能力的影响。至于不同服务对象享受服务的差异性，则完全是人为造成的，主要表现在游客由于不同地域、不同身份、不同文化背景等会享受到的不同待遇。

4. 缺乏服务质量管理理念，没有建立科学的服务质量体系

我国的大多数景区目前都没有建立起完善与规范的服务质量管理体系，因此给景区不断提高服务质量实现有效升级造成了一些困难。大部分景区全面管理意识较差，缺乏景区内各个部门之间的横向沟通，使得效率低下，严重影响了景区的可持续发展。

(二) 景区服务质量问题产生的原因

1. 景区服务质量标准和服务质量控制系统不完善

当今社会人们的旅游消费日趋成熟，对景区的服务质量的要求也越来越高，然而景区管理者没有充分地认识到游客的旅游需求的多样化和个性化，在内部服务质量标准的制定和过程中没有从游客的角度出发，标准的片面性会导致景区服务质量问题的产生。景区服务的特点决定了要保持稳定一致的服务质量难度很大，因此建立完善的景区服务质量控制体系就显得非常重要。只有在景区的日常经营中不断对服务质量进行控制和监督，才能及时发现存在的质量问题，从而有针对性地制定质量改进和调整的战略方针，不断提升景区的服务质量。除此之外，要加强对景区一线工作人员如导游员等的培训与管理，通过对他们制定科学的工作和工作流程来提高一线人员的服务质量。我国的大多数景区都没有一个全面的服务质量标准和严密的服务质量控制系

统，景区服务人员由于个人能力、个体差异等原因提供的服务稳定性差，不能很好地满足游客的需求。

2. 缺乏对游客需求的了解，对于景区旅游设施的管理与维护不到位

作为旅游业"三驾马车"之一的景区业在旅游业中占据着举足轻重的位置，景区要得以可持续发展必须有源源不断的游客前来景区游览，失去了游客景区就失去了生存的根基。对于景区而言要保持住游客的到访量，除了具备特色的旅游资源外，还要为游客提供高质量的旅游服务以此来建立良好的口碑，这样才能对游客更有吸引力从而加强景区的号召力。要让游客享受到一流服务得到满意的旅游体验，景区就要时刻注意游客旅游需求的变化，进行市场调查及时掌握游客的新需求。这样便于根据游客需求的变化来开发适销对路的旅游产品以适时地满足游客的需要。而目前我国的大多数景区不注重收集游客的需求信息，缺乏游客信息管理系统，很多旅游设施由于保护不当已经损坏，还有一些旅游设施由于多年没有更新已经陈旧过时，不能适用游客的新需求。对于一些游客的特殊需求不能很好地满足，使游客在游览过程中对景区服务质量的满意度降低。

3. 缺乏对服务人员的管理和专业技能培训

高素质和专业性的服务人员是景区服务质量的保证。我国很多景区的资源等级很高，可是却由于服务质量水平低下而降低了对游客的旅游吸引力，导致游客口碑不好。造成这种结果的原因就是景区不注重对服务人员的管理和服务专业技能的系统培训。景区一线服务人员在与游客面对面的接触当中为游客提供服务，在服务过程中，服务人员的服务方式、专业技能、服务态度等直接影响到游客对于景区服务质量的评价。由于缺乏对于景区服务人员的定期培训，从而导致了服务人员的服务专业性差，服务技能不高，心理素质低下，对于突发事件的应变能力差。这些都会降低游客对景区服务质量的感知和体验，从而影响游客对于景区服务的评价。

二、游客感知的景区服务质量规划

（一）游客感知的景区服务质量规划原则

景区服务质量要想达到理想的水平，首先取决于景区采取的策略和游客对于景区服务的期望。这两个因素虽然相互影响，但只有当游客预期服务与

实际经历重合时，游客感知的服务质量才是良好的。

游客感知景区服务质量的结果有四种：低于期望水平、等于期望水平、高于期望水平、超越期望水平。良好的服务质量至少应当等于或大于游客的预期服务水平。只有这样才能满足游客的期望。可接受的服务质量是必需的，但如果景区想让游客有一次愉悦难忘的旅游经历，可接受的景区服务质量就远远得不够了。

我们将在服务界经常被引用的一个原则植入到景区业来，这个原则就是景区的服务质量要略微地高于游客对本次游览的期望。游客可接受的景区服务质量是景区所提供的服务正好等于游客的期望，虽然不会引起游客的不满，但游客也不会产生意犹未尽强烈的重游愿望。在这种情况下，游客不愿意向他的朋友、邻居或同事散播好的口碑。只有当景区所提供的服务超过游客期望并引起游客愉悦时，好的口碑才会产生，游客会记住他的游览经历并乐于向他人谈起这种美好的服务经历。

对这个观点也有不同的看法。一些人认为，游客是具有学习能力的，本次服务经历会成为他下一次接受服务的期望。换句话说，如果服务水平高，则游客下一次接受服务的期望就高，由此而形成一种预期服务螺旋式上升的情况，到最后可能会出现景区无法满足游客期望的情形。

当景区执行的是追求高于游客预期的服务质量时，应该考虑这样做的风险，因为过高的服务质量，会导致服务生产的成本提高，成本收益比会变成负值。从经济学的角度来说，这是不合理、不经济的。为此景区应当遵循一定的规则和策略，以满足游客的需求，以及增加其对景区服务的感知评价水平，而不是一味地提高服务的成本。

将景区服务质量管理的原则归纳为以下几点：

1.景区服务质量是游客感知的结果

景区服务的特性决定了景区服务质量是游客的主观感受，是游客将旅游期望与实际感受之间进行对比而得到的一种主观评价。景区服务的对象是游客，景区服务质量是建立在游客的旅游需求和对景区服务的期望之上的，它不能由景区管理者来决定，而是由游客来感知的。

2.在整个景区范围内大力倡导服务质量观念

由于景区服务质量的管理工作重要且繁杂，因此大多数景区都设有专门的质量管理部门来行使服务质量管理的职权,对景区服务质量进行日常管理。这样做使得管理分工更细且有针对性,然而也存在一些弊端。由于质量管理部门的存在,就会降低员工的质量责任心,认为出了质量问题应该由质量管理部门负责。如果转换景区质量管理部门的职责就可以将这个问题很好的化解。将原来的质量管理部门转化为质量的设计、咨询部门,负责对景区服务质量的监督和保证,不断提高游客感知景区服务质量。

3. 所有景区工作人员都要对景区服务质量的形成负责

景区工作人员由两部分组成,其中一部分是一线工作人员,直接与游客接触,为游客提供服务;别一部分是景区的管理者,这部分工作人员不直接为游客提供面对面的服务。一线员工良好服务质量的形成与景区管理人员的支持帮助分不开。实质上景区所有工作人员都是景区服务的参与者,只是工作分工不同,但是所有工作人员都直接或间接地为游客提供服务。因此,景区服务质量的形成对于景区全体工作人员而言是人人有责的。

4. 一系列关键时刻和服务接触形成了景区服务质量

景区服务质量是游客感知的景区服务质量,在游客与景区服务人员的互动过程中存在一系列关键时刻和服务接触,这些关键时刻和服务接触会对游客感知的景区服务质量产生关键的影响。由于游客与景区服务人员之间的互动关系存在局部性,因此游客感知景区服务质量的形成也具有局部性。因此,在对景区服务质量进行设计时不是从局部着眼,而是从局部入手,将游客与景区服务人员之间的这种互动关系纳入服务质量设计当中去。这样才能使服务质量计划更符合实际,从而提高游客感知景区服务质量的水平。

5. 景区服务质量与服务过程联系紧密

服务产品最重要的特点就是生产与消费的同步性,游客接受服务的过程也是景区服务人员提供服务过程,在服务传递的整个过程中游客都亲自经历并体验的。因此游客对于景区服务质量的感知不仅包括对服务结果的感知,还包括对服务过程的感知。并且服务过程的质量是景区服务质量的重要组成部分,与服务结果具有相同的重要性。

(二)游客感知景区服务质量规划

景区服务质量规划设计的目的是为了帮助景区管理者采用恰当的服务策略,以应付景区业日趋白热化的竞争。在制定服务质量管理规划时,必须遵循一定的原则。从总体上说，景区服务质量规划包括六个子计划。

1. 建立游客导向的景区服务概念

建立游客导向的景区服务概念对于景区服务资源的合理利用，显然是一件非常重要的事情，它也是景区服务质量管理流程的第一步。

2. 游客期望管理计划

景区外部的营销与销售促进活动不应当孤立地进行，而需要与景区内部的服务能力、资源等有机结合起来，使景区对游客所做出的承诺能够顺利实现。否则，服务质量隐患总会存在，各计划之间的协调性也无法保证。因此，景区外部营销与宣传是整个景区质量规划的一个有机组成部分。

3. 景区服务结果管理计划

景区服务过程的结果即游客从服务中得到的实际结果是游客总的服务经历的有机组成部分。景区服务的生产过程与景区服务概念相协调，以满足游客特殊的要求。

4. 景区内部营销规划

功能质量即游客对景区服务过程质量是如何感知的，对于游客优异感知景区服务质量的形成，对于创建景区的竞争优势，都具有极其重要的意义。决定功能质量的要素通常由直接为游客提供服务的景区员工的真诚、服务的弹性和景区服务人员强烈的服务观念所决定，景区员工的服务能力和为游客服务的愿望对功能质量水平也起到重要的影响作用。所以，景区员工，尤其直接为游客提供服务的员工、景区管理者和其他各类人员都必须纳入内部营销的范畴。持续而有效的内部营销工作，是景区质量管理规划至关重要的组成部分。

5. 信息技术管理规划

在决定对景区进行游览之前，游客对信息系统的利用频率越来越高。例如，游客现在已常常利用互联网来搜寻景区信息或者是进行网上订票。所以，景区必须建立起能够满足游客需要的信息技术系统，并使其成为景区服务质量管理流程中的一个有机组成部分。

6. 游客参与管理计划

景区应该以各种形式告知游客如何接受景区服务，以使他们获得满意的服务结果。如果一个游客对景区服务流程一无所知，不知道如何来接受景区服务，或者是不愿意按照景区管理者的建议来接受服务，那么，服务过程将会是失败的。应当避免由于部分游客对景区流程不熟悉所造成的排队现象，同时，要将部分游客对景区服务不满意而形成的消极后果从游客群中剔除出去。

三、提升景区服务质量的途径

尽管目前我国景区存在的无法回避的服务质量颇多，但大多数都可以通过有效的途径得以控制，以达到景区既定的服务质量目标。

（一）景区服务质量关键点控制

景区服务过程存在一系列的关键点，通过对这些关键点的质量控制可以有效地提高景区服务质量。

关键点控制是质量控制的重要原则之一。它的中心思想是抓住与控制目标关系最为密切的要素，分清主次对其进行严格控制，以点带面从而达到全面控制的目的。景区服务内容种类多、游客流动性大，对于景区服务质量适合应用关键点控制法。景区关键点选择要考虑下以因素。

1. 服务场所

服务场所是景区为方便游客而提供的一个服务平台，在这些场所内景区的服务人员与游客发生面对面的直接接触。这些场所往往是景区的门面，最能给游客留下深刻的印象，也是能反映出景区服务质量高低的关键场所。这些景区与游客的接触点被营销学家称为"真实瞬间"，这些接触点最能反映出一系列的质量问题。因此景区在进行质量管理时，对这些场所要格外加强。

2. 集散中心

旅游集散中心是游客集聚的场所，游客流量大且流动性大，人多的地方就容易产生摩擦、矛盾和各种问题。

3. 特色景点

是整个景区的旅游核心点所在，这些景点反映了整个景区资源特色，是重点旅游区域。

4. 危险地段

景区内容易发生事故的地段。

综上所述，景区的服务质量控制关键点包括游客中心、停车场、售票点、景区入口、导游服务点、售货摊点、游客休息点、游乐场所、演艺场所、景区内广场、景区道路枢纽、核心景点、事故易发地段、景区内码头、机房、车站、景区厕所。

（二）提升服务人员服务质量

1. 培养学习型组织和员工

与其他消费经历相比，游客在景区的游览过程中和景区服务人员的接触机会更多，参与服务过程的机会更多，游客在整个过程中体验到的情感更丰富。游客的情感反应是游客满意度评估的重要内容。景区如果能提高游客的实际体验水平，就能有效地提高游客对景区服务质量的满意度，这所有的一切都源自景区服务人员的优质服务。景区要生存，要培养核心竞争能力，要提升服务质量，景区所有工作人员就应该树立"学习"理念。景区和员工都要学习新观念、新方法、新技术，以持续改进服务质量，适应游客新的需求。随着信息时代的到来，景区迫切需要建立景区管理信息化系统，这就要求景区要培养一批信息化建设的专业化人才。

将培育人才作为景区发展目标之一。景区要将对员工的培训看作是对员工成长的一种投资，对于人才的投资终将会为景区带来高回报率。对员工的培训要有针对性，对于一线服务人员的培训目的是提高一线服务人员的服务技巧、服务效率、增强员工思考问题和处理问题的能力。对于景区管理人员培训的目的是让他们学会思考，关于发现各种景区服务质量问题，并制定相关策略及时改进。培训的内容不限于技能和岗位培训，还应包括服务意识教育、游客需求研究培训、最佳服务方法探讨等。另外，还要强调学习的有效性。通过学习要解决现实问题，使服务质量得以改善，员工的责任感增强，服务能力提高，使员工获得更多的发展机会。

2. 景区工作人员的素质要求

国外研究机构对旅游服务人员的调查结果表明，游客在与景区服务人员接触过程中，景区服务人员的态度与行为会对游客的感知起到重要作用。景区服务人员娴熟的服务技巧、良好的职业道德、优雅的仪表仪态、热情周到的服务态度可以使游客得到满意旅游体验。根据景区服务运作系统的特殊性，我国景区服务质量的现状及游客的期望，景区的服务人员的素质应该由以下几个方面组成：首先要具有良好的职业道德；其次要有一定的专业技能知识，这些专业技能知识包括业务基本知识、与景区相关的专业知识、服务操作技能、景区经营知识、企业文化方面的知识等；最后景区服务人员要具备各种能力，包括准确的判断力与推断能力、应变能力、沟通能力、协调与组织能力、自我控制能力等。

3. 完善激励机制

要想让景区员工服务质量有所提高，仅有高素质、高标准的要求，而没有相应的激励机制是不行的。为此，景区必须建立相应的激励机制，鼓励服务人员向自己的目标努力。管理人员应该明白"只有高素质的员工，才有优质的服务"的道理，重视对服务人员的激励机制，以充分激发员工的工作积极性。景区管理者应该从以下几个方面做好对员工的激励、关心员工的成长、做好景区服务人员的后勤工作、采用合理的激励机制、景区领导以身作则等。

（三）游客旅游预期管理

1. 深入了解游客的旅游预期

景区服务质量是由游客来评价的，而游客对景区服务质量的评价标准是旅游预期是否与真实的旅游体验相一致。游客的旅游预期时常受到几个方面的影响，首先是来自景区的各种信息的影响，如景区的口碑、宣传促销、景区形象等。其次是来自游客自身的旅游经历的影响，游客在对景区服务质量进行评价时，会与以前游览过的景区进行比较。因此景区应该分析游客在形成旅游预期时会受到哪些因素的影响，如何对游客加以积极的引导，对游客的旅游预期进行有效的管理，从而使旅游预期与旅游体验尽量趋向一致，增强游客对景区服务质量的满意感和认同感。景区管理者在制定服务标准和服务特色时，要对游客的旅游预期进行调研并深入地了解游客的旅游预期，游客需要景区具有哪些服务特色，游客所关注的服务属性有哪些，以及游客所希望的提高景区服务质量的措施有哪些。

2. 做好景区宣传促销工作

景区的宣传促销是影响人们决定是否出行的关键因素之一，也是帮助游客了解景区形成旅游预期的重要环节。合理科学的景区宣传促销工作在很大程度上影响着游客的最初旅游预期，并与游客满意关系密切。从游客的旅游预期出发，景区的宣传促销必须树立三个基本观念：第一，促销不一定只是促进消费，景区还可以进行"反促销"；第二，景区促销的最终目标是增加游客满意；第三，增加游客到访量不是景区宣传促销的唯一目标。宣传促销的目的是传递信息、沟通信息、促进消费，景区要制定系统的宣传促销计划进行合理宣传促销，合理的景区宣传促销计划的内容包括宣传促销工作的系统安排、明确宣传促销的目标、确定合理的宣传促销费用、选择合适的宣传促销组合、善于利用各种宣传促销时机、明确宣传促销对象和评估宣传促销效果。

3. 服务补救与投诉处理

游客旅游预期管理的最后环节就是服务补救和投诉处理。当游客对景区服务质量产生不满情绪或者抱怨时，景区应该在第一时间进行主动的服务补救，如果出现游客投诉现象，则要快速地做出反应及时对游客投诉做出妥善的处理。做好景区的服务补救工作要强调以下几个要点：第一，景区管理者应该事先对景区可能出现的各种服务失误和突发质量现象进行估计，并预备各种补救方案，以便当问题出现时能够快速做出反应；第二，向景区服务人员进行授权，以便能快速、灵活地对出现的问题做出处理；第三，强调主动性，景区服务人员要对游客察言观色，发现游客产生不满情绪时，赶在游客抱怨之前带着歉意对游客进行服务失误弥补；第四，补救服务的时间性非常重要，要把握好最佳的补救时机，将补救的成本降到最低，把补救的效果做到最好；第五，服务补救的系统性，如果有些服务失误确实无法挽回，景区可以用其他服务形式对游客予以补偿。对于不可避免的服务投诉，景区要以积极的态度去面对，投诉处理是景区降低游客抱怨的最后机会。

（四）景区信息服务管理

景区的信息服务始终贯穿于景区服务系统的运作过程中，根据游客游览活动的前后次序，景区信息服务管理分为三个阶段：首先是对潜在游客的信息服务，主要指景区通过景区网站、设在各地的办事处和问讯处、旅游交易会、各种宣传促销活动等信息传播途径，向潜在游客提供有关的景区信息，为其做最终的旅游决策提供依据,并为其旅游预订提供方便。其次是对到达景区的现实游客提供信息服务,使游客了解、熟悉景区环境,顺利进行游览活动,并得到有关旅游资源的最大信息收集量,获得最大的满意。最后是对游览后的游客,通过建立游客档案,不定期的将景区的最新动态,如将新增加的景点、节目与旅游项目等信息发送给老顾客,培育游客忠诚度,提高重游率。在这一阶段还有一个重要的信息管理工作就是对游客反馈信息,包括抱怨的分析与处理,从中找出服务中存在的不足,并在以后的服务过程中加以避免。这种信息管理虽然不是直接面向游客,但有利于改进与提升景区的服务质量。景区信息服务应该迅速、准确、便捷和人性化。"迅速"强调景区信息更新要快速,让游客在第一时间了解到景区的各种新动态;"准确"是指不管信息量的多少,一定要符合事实,不能任意夸大;"便捷"主要是指游客得到信息的渠道是多样性与方便性的;"人性化"则是指游客能在需要的时候迅速、便捷地得到准确的景区信息,这是信息服务的最高境界。

第五章 文化旅游与城市经济协调发展研究

文化旅游是文化产业与旅游产业融合的产物,标志着旅游业完成了从传统到新兴的过渡,不再是文人墨客的专利。自改革开放以来,中国经济发展实现腾飞,旅游业已经成为我国经济发展亮点的代表产业,甚至在一些地方城市经济发展的宏图大业中是中流砥柱般的存在。但是,在文化旅游蓬勃发展的同时,文化遗产的保护工作也面临着巨大挑战。因此,文化旅游与城市经济协调发展的研究就显得极为重要。

第一节 文化旅游与经济协调发展的相关概述

一、文化旅游与城市经济发展相关概念的界定

(一)文化旅游的概念及内涵

1. 概念辨析

美国学者罗伯特·麦金托什(Robert Macintosh)最早提出文化旅游的概念,他从广义上认为只要是游客可从旅游中学习到新的历史、传统以及当代的生活和思想的,都可以看作是文化旅游。麦克切尔、克罗斯(CroS,H)在《文化旅游与文化遗产管理》中梳理了文化旅游的定义,认为文化旅游已成为一个总括的术语,它包括范围广泛的活动,包括历史、民族旅游、艺术、旅游、博物馆旅游等。瑞辛格(Reisinger,1994)认为文化旅游包括遗产旅游、艺术、信仰、习俗等内容;詹姆(Jamieon,1994)认为文化旅游应包括工艺品、语言、艺术、音乐、建筑、宗教、教育等类型。甘·克兰尔(Gunn & Clare A,1997)认为文化旅游资源包括:史前遗迹,历史景点,民族、文学及教育地,工业、贸易中心、专业机构,艺术表演中心、博物馆、美术馆,娱乐、健康、运动场所及宗教圣地等。目前国际上对文化旅游比较权威的定

义是世界旅游组织（World Tourism Organization）的定义，指文化旅游者区分为不同的文化动机，如研究之旅、表演艺术、文化、旅游、参观名胜古迹、研究自然、民俗和艺术、宗教朝圣之旅、旅游节日及其他文化活动。

根据国内相关研究成果，大致将文化旅游的定义分为以下几类。

第一，文化旅游是一种包容性较大的旅游类型。杨时进等（1996）把中国文化旅游分为四个层面：历史文化层、现代文化层、民俗文化层以及道德伦理文化层。马勇（1999）认为文化旅游是旅游的一种类型，属运动范畴，包括历史和文化旅游、建筑、园林文化、宗教文化、民俗文化、饮食文化旅游等形式。

第二，文化旅游是一种新旅游产品或旅游形式。蒙吉军、崔凤军（2000）认为文化旅游是一种旅游产品，以学习、研究、调查国家或地区文化为主要目的，例如历史文化旅游、民俗文化旅游等。朱桃杏、陆林（2005）认为文化旅游是一种全新的、知识含量高的旅游形式，主要包括4种类型的旅游，遗迹遗址、建筑设施、人文风俗节庆及特色商品旅游。朱梅、魏向东（2014）认为国内外文化旅游的研究类型包括遗产、民族、博物馆、事件、艺术、宗教等形式。

第三，文化旅游是一种不同的旅游体验。郭丽华（1999）认为文化是旅游开发者的一种创意思维，也是旅游活动的一种方法。吴光玲（2006）认为广义的文化旅游与一般旅游活动区别不大，是寻求深层次文化体验的的兴趣所致，因为任何旅游，都是一次对新文化的体验。文化旅游是一种以愉悦为目的的异地性休闲体验，是地位最重要，涵盖最广的旅游类型（谢彦君，2012）。

第四，文化旅游是文化和旅游融合的必然结果。宋振春（2012）认为文化旅游作为文化资源和旅游融合发展的结果，也可以作为城市发展的文化资本，但是由于系统比较复杂，容易受文化、经济、政治等多方面因素的影响。

2. 文化旅游的概念界定

综上所述，国内外关于文化旅游的定义更多地专注于定义文化旅游的内涵，包括文化旅游旅游产品或旅游形式。作者认为，定义文化旅游的概念，必须清楚什么是文化旅游的本质，文化旅游到底是一种文化活动，还是一种旅游活动？

首先，文化旅游的本质是一种旅游活动。从发展历程来看，文化旅游是属于旅游发展到一定阶段的产物,或者说是旅游的高级形式。在最初的区别是旅游活动的目的,文化旅游的目的在于追求精神上的满足,为了满足旅游者精神素养的提升。文化旅游的结果不仅满足了旅游者求新求异的精神追求,也客观上促使旅游者文化素养的提升。再者,从文化旅游者的目的地选择来看,更偏向于文化底蕴深厚的旅游目的地或者旅游产品,但是也不能把山水型的旅游者排除于文化旅游者的范围之外,只要能带来游客体验的不同及文化的提升都可以纳入文化旅游的范畴。

那么,对于文化旅游是否是文化和旅游融合的产业呢?作者虽认可此观点,但是由于二者融合的边界比较模糊,对于文化旅游相关的统计较难。所以,对文化旅游属性的界定是关键,即到底属于文化范畴还是旅游范畴?作者认为,从结果导向来看,文化旅游活动本质上属于一种旅游活动,这种划分方法也有利于对于文化旅游口径的统计,如文化旅游者的统计、文化旅游目的地的统计等。

文化旅游的基础和核心也是文化旅游资源,是文化旅游业得以开展的基础,也是文化旅游吸引力的源泉。对文化旅游资源的理解存在着一个循序渐进的过程。首先被重视的是具有历史文化价值的文物、遗产遗迹等,然后人们逐步认识到文化旅游资源还包括很多活动性资源(戴代新,2010)。由此可见,文化旅游资源内涵比较丰富,应该包括历史文化旅游资源、宗教文化旅游资源、民族民俗文化旅游资源等静态文化旅游资源,也包括区域的历史文化节事活动以及多种形式的艺术表演等动态文化旅游资源。

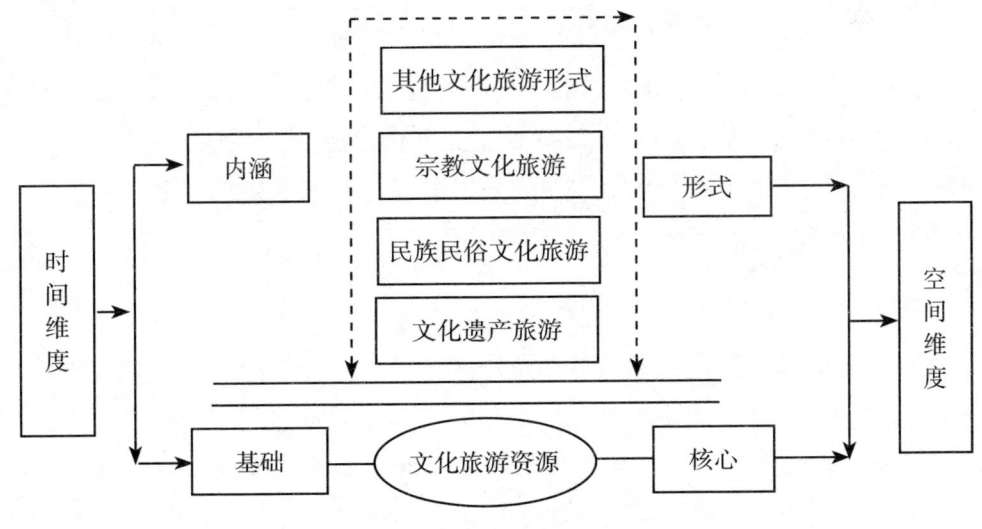

图 5-1 文化旅游的概念模型

综上所述，文化旅游是旅游发展到一定阶段的产物，本质上是一种旅游活动。文化旅游的目的在于追求精神上的满足，和旅游者精神素养的提升，只要能带来游客体验的不同及文化的提升都可以纳入文化旅游的范畴。文化旅游资源是文化旅游的基础和核心，从时间发展上来看，包括历史的和现代的文化旅游资源，从空间维度来说，文化旅游的内涵丰富、形式多样，包括文化遗产旅游、民族民俗文化旅游、博物馆旅游、红色旅游、宗教文化旅游、茶文化旅游等多种形式。

3. 文化旅游和旅游文化的区别

文化旅游和旅游文化是容易混淆的两个概念，需要对二者进行辨析才能为后续的研究奠定基础。我国国内对旅游文化的研究关注早于文化旅游，在20世纪80—90年代，旅游文化是学界研究的高潮，而近年来对于文化旅游的研究才火热起来。在谈及"旅游文化"时，更多的与"旅游经济"等词相对立而使用。

旅游文化一度成为20世纪旅游研究中的热点，涌现了诸多代表性的学者，如喻学才、魏小安、马勇等都曾对旅游文化的定义做出了鉴定，大体都将旅游文化认定为是由旅游行为与旅游目的地引发的文化现象，且旅游文化都属于文化范畴。赵红梅（2014）指出，旅游文化是与旅游三要素（主体、客体、媒体）相"碰撞"所产生的"文化质"来确定旅游文化的内容，徐菊凤（2005）从限定词、核心词、侧重点的不同区别了旅游文化和旅游文化的定义，认为旅游文化属于文化范畴，文化旅游属于旅游范畴。

根据上述研究结果，作者认为文化旅游和旅游文化的区别在于几点：第一，从结果导向来看，文化旅游属于旅游的范畴，旅游文化属于文化的范畴；第二，从单词属性来看，文化旅游是一种动词，旅游文化属于名词；第三，从定义来看，文化旅游是旅游发展的高级形式，而旅游文化是指贯穿于旅游中的文化积淀和文化表现。

（二）文化旅游产业的界定

关于文化旅游产业的提法，在国内外的研究文献中较为鲜见，哈立德（Khalid, 2005）首先提及"文化旅游产业"，但是没有进行明确的界定。郭素婷（2008）认为文化旅游产业系统的运作由8个子模块构成，核心模块包括文化旅游资源与产品模块、文化旅游景区企业模块；配套模块包括产业要素供应商模块与相关服务企业模块；需求状况模块受经济环境模块与教育培训水平模块的制约，政府与行业管理模块严重影响文化旅游景区企业模块的发展。由此可见，文化旅游产业的分析可以从产业分析的理论角度入手。那么，国内外关于文化旅游产业的概念及内涵的研究集中于以下三点：

第一，文化旅游产业"等同说"。

即把文化旅游产业大致等同于旅游产业的范畴，在北京大学文化产业研究院所提供的历年《中国文化产业年度发展报告》（2003—2011）中，文化旅游业的行业运行状况均被旅游业整体行业发展状况所替代，报告中没有对文化旅游业的行业范围进行清晰界定。邵金萍（2011）认为文化旅游产业是基于文化内容、旅游为依托的综合产业，其基本特点是全面、延性、载体、经验、创造性及国际性。

第二，文化旅游产业"部分说"。

即认为文化旅游产业是旅游产业或者文化产业的组成部分，刘改芳等（2013）认为文化遗产景区是文化旅游的主要吸引物，也构成地区文化旅游业的核心动力源；郭素婷（2008）认为文化旅游景区企业包括历史文化类旅游企业，如物质性历史文化资源开发主体、非物质性文化遗产资源开发主体以及民俗文化类旅游资源开发企业，和社会文化类旅游企业如休闲娱乐类企业、文化旅游商品类企业、社会文化设施类企业。龚邵方（2008）认为真正的文化旅游产业应该包括历史文化类旅游产业和社会文化类旅游产业。

第三，文化旅游产业"融合说"。

有学者认为文化旅游产业是文化产业和旅游产业相融合的产物（马勇，2011），而文化旅游产业园区是两大产业融合发展的重要载体和平台（梁学成等，2015）。兰苑等（2014）认为文化旅游业既不是单一的文化产业，也不是单一的旅游业，是一种具有两种产业特征的新产业。唐柳等（2012）认为是民族文化与旅游产业融合发展形成的新兴综合性产业。

作者综合了三种观点的基础后认为文化旅游产业本质上属于旅游产业的一部分，产业基础是文化旅游资源，而文化旅游资源是区域内文化资源和旅游资源的整合。文化旅游产业的定义应该为以文化旅游资源为基础，以旅游批发商、旅游经营商和旅游零售商为媒介，为文化旅游者提供吃、住、行、游、购、娱等服务的产业服务链。

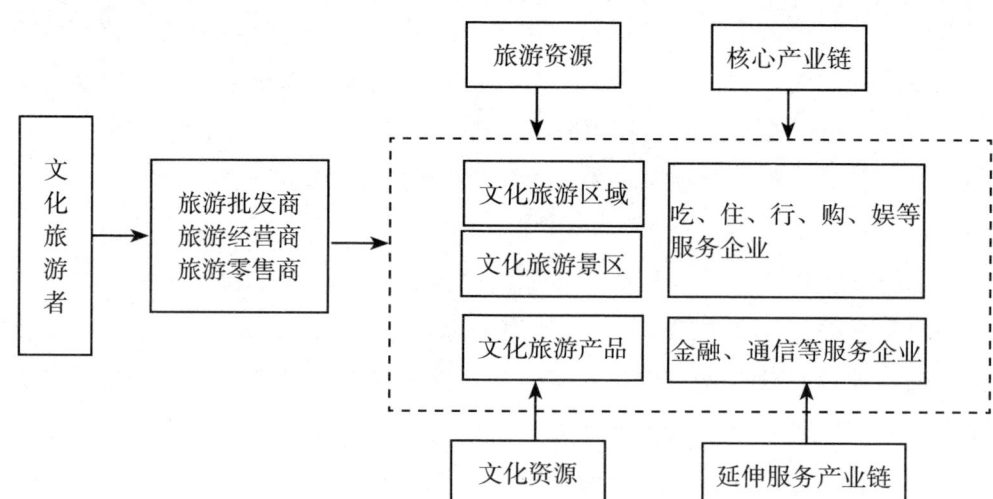

图 5-2 文化旅游产业链运作模式

(三) 文化旅游与文化旅游产业的区别

"文化旅游业"完全不同于"文化旅游"。广义的"文化旅游",说到底是一种文化现象,任何一次旅游经历都是一次文化体验。而文化旅游业,是一个全新的产业,它是原有两大产业的革命性变化,具有自身独特的产业特征(兰苑等,2014)。大部分学者将文化旅游看作是一种旅游类型,或者是一种旅游活动,其实施主体是旅游者,而文化旅游产业是从产业角度来研究文化旅游业的发展规律,产业链是一个复杂的系统,包括吃、住、行、游、购、娱等各个环节,其实施的主体可以是城市、地区、旅游目的地等。

对于文化旅游的理解,也可以从学界对于"旅游"的概念界定寻求思路,又从需求和供给角度的不同来定义旅游,也有从操作性定义和学术型定义来区分,也有诸多学者对旅游的界定也从广义和狭义来区分,认为狭义的定义是旅游者的活动(世界旅游组织,World Tourism Organization,缩写:UNWTO,1993),也可以是一次前往异地寻求愉悦为主要目的而度过的一种具有社会、休闲和消费属性的短暂经历(谢彦君,2004)。广义的定义则是旅游者的行为所引起的现象的总和 [库珀 (Couper), 1993; 李天元, 2006]。

同理,作者认为文化旅游可以从广义和狭义来区分,从广义上来看,文化旅游是个涵盖较广的词语,主要内容包括文化旅游资源、文化旅游活动、文化旅游者及文化旅游产业等,文化旅游与文化旅游产业是整体与部分的关系。从狭义上来看，文化旅游是一种旅游活动，是旅游者为了满足文化兴趣而进行的旅游活动。

（四）协调、协调发展、协调度

1. 协调

从词典里的解释为"和谐一致、配合得当"，古人哲学里的"天人合一""中庸之道""和谐"等都可作为协调的近义词。在学术研究中，协调大部分是与组织或者经济系统相提并论的，亨利·法约尔提出了"计划、组织、指挥、协调、控制"为中心论的管理五大职能，而协调处于管理的核心环节，即合理处理组织内外部各种关系，为组织运行创造良好的运行环境，从而促进组织处于良性循环的过程中。由此来看，协调是恰当处理各种关系的近义词。

2. 协调发展

不同的学科，对于协调发展的表述不同，较为多见的是从经济学和社会学、系统学角度对协调发展进行研究。经济学角度对于协调发展的定义，是随着经济增长历程而定义的，是"协调"和"发展"综合作用的结果，协调是均衡发展的结果，协调发展是经济系统发展的目标；有学者解释为协调发展即为经济系统良性互动的一种态势（熊德平，2003）。区域经济协调发展是指开放条件下的区域之间的经济联系日益密切，经济相互依存且日益加深，经济发展相关的交互与积极促进区域经济可持续发展和区域经济差异趋于缩小的过程（覃成林，2011）。综合上述研究，可以认为协调发展是指相关各系统不断向均衡的状态发展，呈现一种良性互动的关系运行。

3. 协调度

协调度是测度协调发展水平的定量指标，与协调度意义相近或类似的相关研究包括集成度、协同度以及和谐度（常宏建，2014），学术界和政府研究和探索如何保持经济和社会的协调发展，不可避免的一个重要问题就是协调发展水平（范柏乃等，2013）。那么，协调度是指内部每个子系统或要素之间的相互和谐的程度，可以有效地测量系统协调度，反映了系统从无序到有序的变化发展的趋势和程度。可见，协调度即判断协调发展水平高低的一种定量测定方法。

关于协调度的测度模型有隶属函数协调度模型（陈长杰等，2004）、数据包络分析工具（Data Envelopment Analysis，DEA，柯健等，2005）、资源环境基尼系数（王金南等，2006）、生态足迹模型（张瑜英等，2004）、称合协调度模型（吴玉鸣等，2008）、灰色系统模型（Grey System Model，GM，李崇明等，2009）、系统协调发展度模型（洪开荣等，2013）。

二、文化旅游与城市经济发展相关研究综述

（一）文化旅游研究综述

1. 国外关于文化旅游的主要研究内容

国外最早研究文化旅游的论文《旅游与跨文化交流》（*Tourism and cross cultural communication*），产生于1976年埃文斯（Evans，1976），研究速度不断攀升，研究角度不断细化，研究的区域比较广泛，国外关于文化旅游的研究比较系统和深入，且较侧重案例研究和实地调查研究，比较注重运用定量方法和模型，研究的内容大致集中于：

（1）关于文化旅游概念及类型的研究

鲍勃·麦克切尔和希拉里·迪克罗斯（Bob Mckercher & Hilary du Cros，2006）以文化旅游概念研究为基础，主要论证了文化旅游的可持续发展相关问题，包括文化遗产及文化旅游产品的开发、营销及管理等内容。鲍勃·麦克切尔（Bob Mckercher，2003）以文化旅游作为旅游动机的核心和体验深度的结合为依据，进一步测试了一种文化旅游类型。指出文化游客的五种类型代表了五种基于效益的个体。对照各种旅行、人口统计、动机、首选活动、意识、文化距离和活动的变量对这些个体进行测试。在各组之间发现了重大区别，这表明提出的模型对于划分文化旅游市场有效。此外，尽管预计划分过程基于两个变量，但是这些变量反映了文化游客的不同类型中隐含的旅游动机，活动首选以及文化距离因素。

（2）关于文化旅游目的地的研究

集中在欧洲、非洲、中国香港，关于中国的研究开始兴起。席德瑞（Despina Sdrail，2007）对希腊岛屿安德罗斯的案例分析里调查了该岛居民对文化旅游的认知，并发现大多数受访者意识到了文化旅游的重要性并认为其能惠及该岛的地方发展。这些发现也表明受访者的特征和他们对此问题的看法之间有很大关系。萨拉萨尔（NoelB. Salazar，2012）使用在坦桑尼亚长期

人类学工作中的例子批判性地分析被人们普遍接受的以社区为基准的旅游内容是怎样反映在事实上的。特别研究的是以有限时间里的项目为基准的发展方法，创造有效后备战略需求，质量控制、导游训练和长期导游的保留。兰伯特（Theopisti Stylianou-Lambert，2011）从塞浦路斯角度研究文化旅游和艺术博物馆，对八种不同艺术博物馆的感知识别，这些艺术博物馆可以是本国的或者游客旅行目的地博物馆。麦克切尔等（Bob Mckercher & Hilary du Cros）审视香港城市旅游业与文化遗产管理之间关系的本质。冲突范式可能不是最合适框架。相反的是，作者概述出这两个行业之间不同程度的成熟关系的一连串的反映。克里西亚和里索（Tiziana Cuccia & IIde Rizzo，2011）以西西里经验角度论证了文化旅游目的地的季节性，采用基于回归分析的方法测量季节性，对不同旅行目的地的游客数量做了季节性分析，并让游客对不同程度的文化吸引力进行选择。严洪良和布拉姆韦尔（Hong liang Yan & Bill Bramwell，2008）深入研究文化遗产旅游和儒家思想态度的转变，以及转变对旅游业和曲阜祭孔大典的影响。赵申南和蒂莫西（Shengnan Nancy Zhao Dallen J. Timothy，2015）研究了政治分级的中国政府在红色旅游发展中应扮演的职责，就公众合理参与管理和未来研究义意提出一些建议。

（3）关于文化旅游与周边环境治理的研究

常蓝云和刘卫宁（Lan-YunChang & WeiNing-Liu，2009）研究是否制定环境战略可以帮助庙会达到环境保护法规标准，减轻来自公众的压为并最大化的发挥其竞争优势。分析结果表明，节能和环保治理能帮助庙会增加财务收入，获得较高的声誉；然而，利用一些环保产品并不能提高寺庙声誉。徐玫平、姚黎明和莫利文（JiuPingXu, LIMingYao & LiwenMo，2011）论述了在世界自然和文化遗产地区模拟低碳旅游，含模糊系数的微分动力系统模型被提出，可用来预测旅游业税收、能源消耗、废弃物排放及碳浓度。

（4）关于文化旅游发展影响因素的研究

米里亚姆和耶尔达（Myriam Jansen-Verbeke & Gerda K. Priestley，2010）讨论了在新的研究模式和创新的情况下，文化资源转型的利用率，同时也介绍了诸多模式形成的过程以及这些政策的重要性问题的过程。彼得斯、卢卡斯和库尔特（Mike Peters, Lukas Siller & Kurt Matzler，2011）着重讨论了旅游中的相关文化资源，包括文化遗产地、文化风暴、事件或节目。文章揭示了利益相关者对存在的两种管理战略方法的不同意见，这两种方法是以市场为基础的和以资源为基础。文章讨论了这两种方法对利益相关者针对文化旅游发展理解的不同影响。

托琳娜和韦塞林（Tolina Loulanski & Vesselin Loulanski，2011）展开了关于文化遗产和旅游之间关系的跨学科的主题性调查。它系统化地提供了相关概念、政策和战略，文章指出当地居民的参与、教育和培训、真实性和解释性，以可持续性为中心的旅游管理、综合规划、对更广泛可持续发展框架的考虑，控制下的增长、决策和利益相关者参与、市场和产品分类、适合的投资资金渠道、国际化决策和支持系统，以遗产为资本的方法、有效的场地化管理、目的地管理和有效的理论化基础，这 15 种因素在文化遗产和旅游的领域中，能帮助实现可持续性。理查兹（Greg Richards，1996）以欧洲文化旅游需求与供给的跨国研究为基础，阐述了空间遗产本土化生产与"新中产阶级"对遗产旅游的社会限制消费联系在一起，试图呈现出通过遗产旅游宣传提升旅游消费困难的现象。理查兹（Greg Richards，2011）认为创意已被用来改造传统文化旅游，从有形的遗产过渡到更多的非物质文化遗产以及更大程度地参与到旅行目的地的日常生活。"创意旅游"的出现反映了日益增长的旅游与不同场所制造策略的集成，包括推广创意产业、创意城市以及"创意阶层"。理查兹（Greg Richards，2014）指出许多工作艺术家通过了解浪漫主义采用反游客方式，并且基于时间的、空间的以及旅游行为进行区分。"不想成为一名游客"的想法受到动摇，变得更渴望一种通过在发达地区的教育经验集灵感参与的互动。休斯（Howard Hughes，2005）认为文化旅游是有积极作用的，相比政治与市场角度，文化旅游对后者更为重要。旅游局受访者对文化旅游有自己的关于"遗产"角度的观点，也承认一些问题是与利用文化宣传旅游有关。拉比奥西（Chiara Rabbiosi，2014）讨论了城市旅游品牌的典型的消费主义：休闲购物；探讨了复兴历史遗产：旅游、休闲购物以及巴黎的城市品牌之间的关系。

2. 国内关于文化旅游的主要研究内容

国内最早研究文化旅游的论文发表于 1986 年（孙金楼，1986）。研究迅速升温，随着入境游客的不断增加及文化旅游的不断发展，文化旅游的研究百花齐放，从地理学、经济学、人类学，以及生态环境学等角度研究的论文不胜枚举，各家研究的重点和观点也不同，但是共同促进了文化旅游的研究进步，也促进了中国文化旅游质量的提升。尤其是在 2009 年国家颁布相关文化旅游促进政策以及 2010 年"中华文化旅游年"启动以后,关于文化旅游研究热潮的兴起。

(1) 关于文化旅游相关专著的综述

集中于研究文化旅游概念及内涵,如张国洪(2001)梳理了文化旅游相关理论,从文化旅游产品的开发、营销以及品牌建设,阐述了我国文化旅游业的相关战略;刘焕庆(2012)阐述了文化旅游可持续发展被困扰的诸多问题;宋振春、李秋(2012)探讨了城市文化资本和文化旅游相互转换以及文化资本的传承等问题;王明星(2008)论述了如何经营不同的文化旅游产品的问题。

还有关于地方文化旅游发展等问题的研究,如平文艺(2007)研究了四川文化旅游资源开发和保护中的诸多问题,提供了应用性研究;宋振春(2009)探讨了日本文化遗产旅游开发的模式和路径;窦开龙(2010)以甘肃为例,研究了在文化和旅游融合发展的基础上,分析了文化旅游开发的地区效应;刘为民(2011)阐述了文化和旅游的融合会推动产业革命的升华;杨国清(2011)探讨了丽江文化旅游兴起是一个不断求实的过程。关于定性与定量研究的专著不多见,孙丽坤(2011)运用定性与定量相结合的方法探讨了延边朝鲜族自治州民族文化旅游开发的状况。

表 5-1 2007—2016 年国内文化旅游的专著

序号	作者	书名	出版年份
1	骆高远	中国文化旅游概论	2018
2	桂榕	文化旅游背景下民族文化遗产可持续保护利用研究	2017
3	田里	云南十大历史文化旅游项目策划	2016
4	徐兆涛	旅游文化创意与策划	2015
5	张奇	旅游文化资源融资模式研究	2014
6	易小力	文化遗产与旅游规划	2014
7	刘焕庆	文化与民族旅游资源开发理论与实践	2012
8	宋振春	文化旅游产业与城市发展研究	2012
9	刘为民	文化与旅游融合发展报告	2011
10	孙丽坤	民族地区文化旅游产业可持续发展	2011
11	窦开龙	甘肃旅游文化开发论	2010
12	宋振春	日本文化遗产旅游发展制度因素分析	2009
13	平文艺	四川文化旅游发展理论与实证研究	2007

(2)期刊文献关于文化旅游的研究综述

国内关于文化旅游的研究比较丰富,研究内容有关于文化旅游的理论性研究,如:宋振春等(2012)关于文化和旅游融合的体系研究,认为文化旅游创新体系在结构和运行机制上都体现为二元复合体系及双重性模式;侯兵等(2011)认为文化旅游的空间形式应从物质、时间和区域三重视角去分析;宋振春、李秋(2011)认为城市文化与旅游发展的关系需要从文化资本即文化因素不断积累和文化价值增值的角度进行考察。文化资本质量高的城市,文化旅游无疑会有更好的发展。朝晖(2012)认为文化旅游发展过程中,文化研究的角色人类学家的参与,可扮演主要角色的文化挖掘,而且确保文化旅游的真正内涵。

部分学者集中于文化旅游的实证性研究,许志辟、丁登山、向东(2006)在分析文化旅游的基本属性及借鉴国内外主要开发模式的基础上,探讨了南京市文化旅游开发的深度模式及整合方向。俞万源等(2012)以文化生态视野为着眼点,分析了客家文化旅游开发理念,旨在构建客家文化旅游"大景区";韦传慧等(2007)研究了南京市游客对文化遗产的选择偏好及其行为特征;李昱(2012)提出遗产型旅游景点的保护是城市文化建设的组成内容;徐菊凤(2003)实证分析了北京文化旅游发展的现状、难点及路径;复旦大学的李萌(2011)在其博士论文中论述了上海旅游、文化旅游、文化创意和文化旅游之间的深度关系。

关于文化旅游吸引力和竞争力的研究,郑四渭,贝勇斌(2009)在分析国外城市文化旅游的相关文献基础上,提出城市文化旅游吸引力是城市文化旅游发展的关键;张海燕、王忠云(2010)构建了文化旅游竞争力业的评价指标体系,包括文化旅游业基础竞争为、竞争潜力和环境竞争力;杨勇(2006)构建一个旅游目的地层面的二元竞争力框架,对"文化"在旅游目的地竞争力的地位和作用机制进行了论述;王延彬(2009)认为政府主导社区参与的发展模式集合了以往开发模式的优点,满足了遗产型旅游目的地可持续发展的要求。

文化旅游的研究方法上,南京师范大学的侯兵(2011)在其博士论文中指出,以文化地理学为理论基础,提炼区域旅游文化因子,通过社会调查和数理统计的方法进行效果检验和影响区分。王超、郑向敏(2012)以系统工程思想为分析视角,研究了中印文化旅游软实力的差异。

综上所述，国外关于文化旅游的研究比较深入和全面，影响因素的阐述比较全面，但是缺乏系统深入的研究，且缺乏对西部城市的适用性研究，尤其是在文化旅游定量指标体系的构建方面缺乏创新性。在研究方法的选取上，多以定性研究，缺乏定量和比较研究。我国的文化旅游比较重视政府的意志，而国外的研究则比较注重社区和居民的参与。

（二）旅游对城市经济影响的相关研究综述

国内目前关于旅游对于城市影响的研究文献较为丰富，研究区域大致集中于较发达的城市与地区。张广海、冯英梅（2013）构建了旅游产业机构水平及城市发展水平指标体系，以此为基础测算了山东省17个地级市旅游产业结构水平与城市发展水平的综合指数；杜傲（2014）等以北京市为例，构建了旅游业与城市发展评价指标体系，研究1995—2011年间北京市旅游业与城市发展之间的协调关系。翁钢民（2010）定量测度了秦皇岛旅游经济与城市环境协调发展状况；熊鹰等（2014）定量评价了张家界市1996—2010年旅游经济与生态环境协调发展状况和发展态势。

部分学者还研究了我国整体发展状况，舒小林（2014）等运用1988—2012年我国城市化率和旅游收入数据，基于计量经济学定量验证了城市化与旅游收入之间存在长期互动的关系。

对西部区域的研究较为鲜见，仅有少数学者如张玉萍（2014）等根据2001—2011年的相关数据，对吐鲁番地区旅游经济与生态环境的耦合以及耦合协调程度的测量和评价。张春晖（2013）等在入境旅游和省域目的地耦合系统指标构建的基础上，研究了我国西部12省（区市）两系统耦合协调度及其时空分异特征。

另外，博士论文中关注旅游和城市经济协调发展的也比较多，如胡小海（2012）以江苏省为例，探讨了区域文化资源和旅游经济耦合研究；李振亭（2011）以中国西部典型区域为例，研究了入境旅游关联度和经济协调度；王新越（2014）集中研究了旅游化和城镇化互动协调发展。

对协调性的测度研究方法集中在熵权TOPSIS法，以及利用主成分分析法，得到各个指标的相关权重，以此构建了相关的综合评价权数，并引入耦合度及耦合协调度模型，也有通过线性加权法，得到各个指标的相关权重，引入耦合度及耦合协调度模型。也有利用R/S分析模型预测、应用SPSS软件组间平均连接法（Between-group linkage）对各年度D值进行层次聚类。

综上，国内关于旅游与城市关系的研究集中在旅游与城市经济、旅游经济与城市环境以及旅游与城市发展等内容，而研究方法也比较丰富，如熵值赋权法、耦合度计算以及主成分分析等，但是缺乏旅游与城市互动影响的研究，且研究地区中也比较缺乏西部区域的研究。

（三）文化旅游对城市经济发展相关研究综述

通过研究文献的总结发现，研究多以创意产业和城市经济发展为主要内容，或者旅游和城市经济发展为主要内容，原因可能与文化旅游与城市经济协调发展的协调度指标选取难度较大有关，因为文化旅游本身就没有形成一个统一而权威的定义，所以关于文化旅游评价指标体系的选取和构建具有很大的难度。研究的内容集中于，旅游经济和城市空间的指标体系构建为主，博士论文研究比较缺乏，以硕士论文较为多见，代表性的如贝勇斌（2008）、赵本谦（2012），也有从城市文化资本的角度论述文化旅游的发展（宋振春、李秋，2011），关于城市文化旅游分析引入定量研究方法的比较鲜见，仅有胡浩等（2012）基于全国范围内34个中小文化旅游城市，构建了可达性评价指标体系。

第二节　文化旅游与城市经济协调发展的基础分析

由于文化旅游资源的特殊性，不可能按照完全市场竞争的状态下去笼统分析，文化旅游和城市经济协调发展的基础，是界定到底哪些文化旅游可以作为城市经济发展的促进因素，哪些资源可以与城市经济进行协调发展？我国目前城市文化旅游发展的状况如何？本节研究内容将回答上述问题。

一、协调发展的可能性分析

（一）从产权视角界定文化旅游资源

在西方经济学中，产权一般意义上指对于私有财产的所有权和支配权，学者从经济学角度界定产权的研究较常见。马克思为产权概念的界定奠定了基础，他认为财产权是属于自己的一种权利，即产权具有排他性的本质；恩格斯作为产权理论的奠基人并没有明确界定产权关系，但他认为产权是人们拥有的一种权利。

旅游资源的产权问题一直是业界讨论的焦点，要清楚旅游资源的产权问题，必须从旅游资源的如何分类着手，旅游资源是指"凡是能够造就对旅游者具有吸引力环境的自然事物、文化事物、社会事物或其他任何客观事物"（李天元，2000）。保继刚（1993）认为旅游资源包括一切具有吸引力的自然存在、历史文化遗存以及人工创造物。那么，根据旅游资源的定义，为文化旅游资源的产权界定提供了思路。文化旅游资源可以分为不可再生性资源和可再生性资源，如风景名胜区、世界遗产等文化旅游资源，无法再生；而如文化创意园区、文化演艺业等，则可以通过创新，不断再生。

按照我国相关法律法规的规定，风景名胜资源属于国家所有。所以，世界遗产等不可再生的文化旅游资源，均属于国家所有，政府经营。事实上，旅游学者对旅游资源的产权争论不绝于耳，旅游资源作为涉及多方利益相关者的集合，被分割是不可避免的。旅游资源的产权经历了"政企不分"到所有权、经营权及管理权的"三权分立"再到权利的协调配置。

根据以上分析思路，可以把文化旅游资源分类及产权归属关系明确，为文化旅游和城市经济的协调发展理清方向，即针对不同的文化旅游资源，与城市经济协调发展的方式和路径不同。对于可再生资源，由于可创造性以及再生性，可以交由市场运作，由企业或企业集团进行市场化运作模式，不断创新，为城市经济发展提供动力；对于不可再生性资源，由于资源的独一无二和不可再生性，属于准公共物品的范畴，大多属于国家和政府所有，就不能采取市场化运作模式。

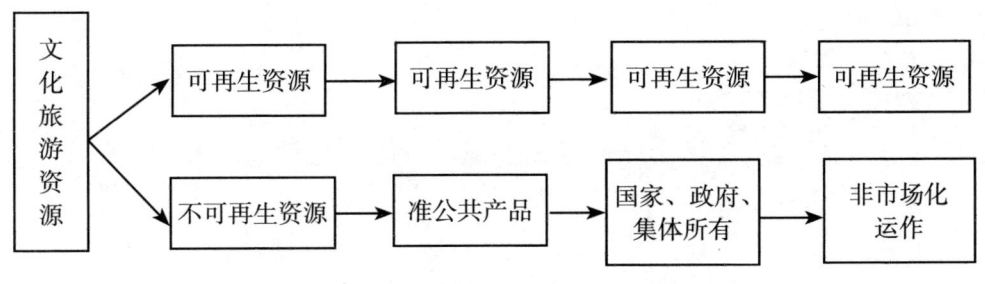

图5-3 文化旅游资源分类及产权归属关系

（二）从空间视角界定协调发展的区域

空间经济活动是经济地理学研究的主要内容，新经济地理理论强调区域的长期增长与空间聚集的关系，认为当资本外部性及劳动力的迁移通过区域整合增加时，将会出现大规模的空间聚集，富裕中心与较差的边缘区之间的差距加大，约翰·弗里德曼（Friedmann.J.R，1966）提出的"核心－边缘"理论及空间规划相关的理论体系，已成为指导发展中国家空间发展规划的重要依据。他认为在空间系统中，包括核心区域和外围区域，核心区域是创新能力高、变革较快的地域子系统，外围区域通过对于核心区域依附关系的高低决定。整个系统中，核心区域处于绝对支配地位。

佩鲁（francoisperroux）提出的增长极理论，认为区域内那些具有创新技术和能力的企业的集中会推动区域经济进步，且这些企业相比于其他企业占有主动和支配地位，具有技术推进的企业的形成需要一定的环境。"核心－边缘"理论和"增长极理论"都为文化旅游和城市经济的协调发展提供了思路，对于区别研究城市文化旅游区域提供了基础。即从经济运行规律来讲，是针对完全由市场规律决定的产品来说，但是文化旅游资源具有特殊性，再生性文化旅游资源可进入城市经济的发展系统，不可再生文化旅游资源是准公共物品，不能由市场规律来决定。余洁（2012）将遗产保护区的空间区域划分为可发展区与受限制区，这也提供了区别对待文化旅游资源的思路。

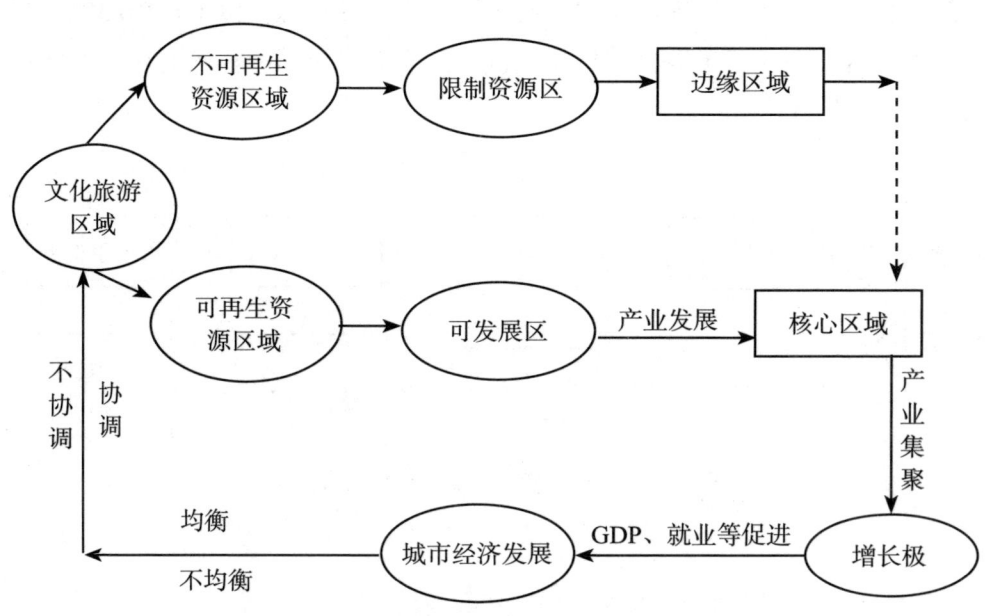

图 5-4 文化旅游的空间布局与城市经济发展

通过以上理论分析,可以按照空间区域的特点,把文化旅游区域分为不可再生资源区域以及可再生资源区域。那么,不可再生区域由于资源的稀缺性和不可再生性,成为限制发展区,该区域内着重进行资源保护,减少经济活动,控制游客流量,所以也成为城市经济发展的边缘区域。

对于可再生资源来说,由于资源的可再生性和创新性,可以进行产业发展,通过产业集聚,从而成为城市的增长极,为城市 GDP 增长、产业结构优化提供动力,从而助力于城市经济发展,为文化旅游和城市经济协调发展提供可能性。这在许多城市发展的实践中,已经取得了成功见证,如西安的曲江新区,就是借助区域内的文化旅游资源,主打文化品牌,打造曲江新区的文化形象,成为西安经济发展的一大增长区域,为西安城市经济的发展做出了巨大贡献。

(三)外部性视角界定协调发展的目的

外部性是古典经济学和现代化制度经济学研究的主要内容之一,是指一种向他人施加不被感知的成本或效益的行为,或者说是一种其影响无法完全体现在它的市场价格上的行为,分为正外部性和负外部性(萨谬尔森,Samuelson,Paul. A. 2012)。马歇尔(Marshall A,1920)将外部经济(external economies)定义为"某些类型的产业发展和扩张是由于外部经济降低了产业内的厂商的成本曲线"。

关于外部性的分类比较丰富,此处仅借鉴外部性关于影响效果的有两种:正外部性和负外部性。正外部性是指某个经济行为主体的活动使他人或社会受益,而受益者又无须花费代价;负外部性是指某个经济行为主体的活动使他人或社会受损,而造成这种后果的经济行为主体却没有为此承担成本(朱善利,2001)。外部性理论在解释部分公共物品方面,具有强烈的说服力,凡是外部性存在的地方,均是无法用市场机制和市场规律调控的,所以必须引进政府管制,政府的作用在外部性的管理中效果明显,如通过征收税款、管理费等手段达到控制外部性的目的。

用外部性理论来解释文化旅游和城市经济的关系是可行的,文化旅游对于城市经济的正外部性在于,文化旅游资源的存在和开发对于增加城市的知名度,提升城市形象有重要作用,如世界遗产兵马俑景区的存在,让西安在国内外的知名度提升较快;而华清池《长恨歌》等文化旅游资源的挖掘和开发，也间接地提升了西安的城市形象，从而有助于西安对外的招商引资等活动，助力于城市经济的发展。同时，城市经济的发展，为城市基础设施建设、人才引进、科学技术发展等提供了资金支持。

随着文化旅游资源的开发，也会给城市经济带来负的外部性，如游客涌入对于城市环境的破坏，交通拥堵以及过度依赖旅游业导致的城市经济不平衡等问题，以及文化旅游资源的过度开发，会出现代际外部性，即前人旅游开发对于后代子孙的影响，过度的旅游开发会使后代子孙失去享受公共遗产的权利。对于遗产资源的旅游开发所产生的外部性到底是经济的还是不经济的，由其开发的空间位置及开发程度所决定，在一定范围内是经济的，但超过了一定限度就会主要表现为不经济（余洁，2012）。

二、文化旅游与城市经济协调发展的现实基础

（一）我国城市文化旅游发展主要形式

纵观我国几十年的旅游业发展，经历了从粗放式向集约式、从数量式到质量式、从追求经济效益到游客体验的发展历程，而旅游体验的实质实际上就是追求文化体验，所以从广义来讲，我国的城市旅游发展，均属于城市文化旅游的范畴。

中国是世界四大文明古国之一，历史悠久，文化遗产丰富，拥有众多世界遗产和文化旅游资源，我国的文化旅游典型城市较多且特色鲜明。诸如，北京是世界上世界遗产最多的城市，杭州被称为"天堂城市"，济南被誉为"世界泉水之都"，西安是世界四大古都之一，成都被称为"休闲之都"、丽江是纳西文化和世界遗产城市，曲阜被誉为"孔子故里、东方圣城"。相对来说，东部沿海城市的文化旅游发展水平较高，如上海、杭州、南京等城市，西部城市文化旅游发展水平较低，但是西部城市也有个别城市是我国文化旅游产业发展的佼佼者，如成都。从目前来看，我国城市文化旅游主要的形式有：文化遗产旅游、文化旅游创意园区、民族民俗文化旅游、红色文化旅游、影视旅游、旅游演艺业、宗教文化旅游、茶文化旅游、非物质文化遗产旅游等。

1. 文化遗产旅游

文化遗产是具有较高历史文化科学价值的文物、建筑和遗址，按照联合国教科文组织对于文化遗产的分类，可以分为物质文化遗产和非物质文化遗

产，物质文化遗产是以实物形式呈现出来的文物，如古遗址、古建筑、寺庙、壁画、艺术品、图书资料等。非物质文化遗产是无法用实物呈现出来的，如方言、口技、艺术表演、礼仪节庆，以及文化空间等。截至2018年11月，中国共有53处纳入《世界遗产名录》，其中世界文化遗产31项、世界文化与自然双重遗产4项、世界自然遗产13项、世界文化景观遗产5项。

事实上，在我国的旅游业发展之初，均是围绕世界遗产所在的城市发展的，而文化旅游发展大多也是建立于文化遗产城市的基础上，如西安、成都、昆明、北京等城市的文化旅游发展均源于该城市的文化遗产资源；当然，也不能把诸如深圳等虽不拥有文化遗产、但由城市的现代文明和创意产业引致的文化旅游排除在外。

2. 文化旅游创意园区

在我国文化旅游迅速发展的今天，如何挖掘可再生文化旅游资源的内涵和潜力，创造新的文化旅游产品形式，是当前亟待解决的问题。文化旅游创意园区就是在契合当前时代背景而产生的文化旅游形式。虽然"文化旅游创意产业园区"这个名词未得到权威认定，但这种园区（基地）模式发展迅速（郑斌等，2008）。

在城市文化旅游发展的同时，为了避免城市的同质化，需加注创意的元素，才能凸显城市与城市间的文化个性。创意产业带动文化旅游产业的发展，文化是创意的灵魂。文化旅游创意园区应包括主题公园、影视基地、艺术园区以及新兴园区（了新军、田菲，2011）。郑斌、刘家明、杨兆萍（2008）认为文化旅游创意产业开发的主流模式有主题公园、影视（动漫）基地，艺术园（社）区、节庆演出基地、新兴街区。

综合各研究文献，笔者认为文化旅游创意园区包括主题公园、影视基地、文化艺术园区、节庆演出基地、时尚新兴街区，如北京怀柔影视基地、北京什刹海文化旅游区、金华横店影视基地、深圳华侨城LOFT创意园区、西安的曲江文化产业园、上海8号桥艺术区、上海国家动漫游戏产业振兴基地、桂林《印象·刘三姐》实景演出基地等一大批园区（基地）。

文化旅游创意园区在我国的发展目前还处于初级阶段，大部分地区还在摸索阶段，虽然各地都在建设文化旅游创意园区，但是成功者并不多见，或者对地方文化的挖掘还不够，或者产品的体现形式还有待多样化。比较成功的案例有西安的曲江文化产业园、甘肃的兰州国家高新技术产业开发区创意文化产业园。我国在文化旅游创意产业园区发展方面还待借鉴诸如美国的美国迪士尼乐园、百老汇戏剧产业园、好莱坞等文化创意产业园发展经验。

3. 民族民俗文化旅游

我国是多民族国家，拥有56个民族，城市成为聚集和弘扬少数民族文化的主要地区，或者作为民族文化旅游区的交通枢纽，或者城市本身作为民族文化的旅游区，事实上，我国的旅游业大致兴起和繁盛于民族文化、历史和遗产文化，可以说民族文化旅游是我国城市文化旅游发展的基础之一，更有学者认为文化旅游是民族文化与旅游产业融合发展形成的新兴综合性产业（唐柳等，2012）。

我国城市民族文化旅游的发展经历了景区建设、产品开发、资源保护和创意开发等几个阶段。民族区域的文化旅游是我国旅游的特色与亮点，云南、广西、西藏、新疆等地区均是民族文化的聚集地，同时也是文化旅游的特色地。如何把民族文化旅游与当地城市经济综合考虑开发，也是民族地区实现脱贫致富的有效途径，但是考虑到民族文化保护和民族地区的可持续发展，在文化旅游的开发程度上需要把好关。

4. 红色文化旅游

中国作为红色文化的代表国家，红色文化旅游的发展独具特色，红色文化旅游突出展示了社会主义革命在中国的发展历程。红色旅游是主要传播社会主义精神和革命历史精神的旅游形式，具有极大的教育意义。张河清、陈宁英（2008）认为红色旅游城市是指红色旅游资源丰富，基础设施建设良好，具有优越的红色旅游基础背景和广阔的红色旅游发展前景，红色旅游在区域内的旅游市场或国内的红色旅游市场中占据重要地位的城市。延安、遵义、广安、瑞金、韶山、井冈山是中国红色旅游发展时间较早、发展成绩较显著的六个红色旅游目的地。刘红梅（2012）认为红色文化旅游在我国发展大致经历了几个阶段：革命旅游纪念地（纪念物）开始修缮和管理阶段（1949—1978年）；革命旅游纪念地向革命传统教育基地转变阶段（1978—1995年）；爱国主义教育基地设立并向红色旅游景点、景区过渡阶段（1995—2004年）；红色旅游发展由自发向自觉转变阶段（2004—2010年）；红色旅游发展质量提升阶段（2011年至今）。

目前来说，城市红色文化旅游发展更加趋向于区域合作和产品形式的多样化。目前多个城市推出了红色旅游线路，如重庆市旅游部门推出的红岩联线—长江三峡—大足石刻—乌江画廊。

5. 影视旅游

影视旅游，是由于在荧屏和银幕上播出与某旅游目的地有关的影视作品，而使得旅游目的地的吸引力和知名度提升导致的旅游活动（吴必虎，2001）。刘滨谊等（2004）给出了国内较为权威的定义，即影视旅游是以影视拍摄、制作以及相关的事物为吸引物的旅游活动。

影视旅游可以按照发展模式分为影视传播旅游，包括影视外景地旅游、影视故事发生地旅游、影视文化旅游，以及影视提供旅游内容，包括影视拍摄制作基地旅游、影视主题乐园旅游、影视节庆旅游三大类（吴金梅等，2011）。笔者认为影视旅游包括几种城市，一种是本身的影视业发达，带动城市的知名度很高，随之带来游客和旅游业的发展，比如好莱坞；另外一种是由于某影视剧或者电影讲述的故事发生地，使得某城市名声大噪，带来大量的游客。比如《大明宫》《大唐芙蓉园》等影视剧的播出使得西安名声大增，吸引了国内外众多游客。

影视旅游的萌芽始于1955年第一座迪士尼乐园在加利福尼亚州的建成。而影视旅游的真正开端则始于1963年第一个环球影城主题公园——好莱坞环球影城的建成。中国影视旅游的发展则始于1987年央视无锡影视城的建成。广东中山、无锡太湖、宁夏镇北堡、浙江横店纷纷建立影视城，大大小小的影视城在全国迅速地遍地开花。根据国家旅游局的统计数据，截至2005年，全国已有大大小小的各类主题公园2000余家。而目前中国最具代表性的两个影视城当为中央电视台无锡影视基地和横店集团横店影视城。横店影视城在2012年实现了游客人数1117万的突破。

6. 旅游演艺业

旅游演艺业有几个特点：旅游演艺的活动范围在旅游景区内；旅游演艺的意图在于吸引游客，尤其是外地旅游者；旅游演艺有专业演职人员以及特定的演出场地（含山水实景、剧院、酒店、大型广场等）；旅游演艺的演出内容应与本地区的主流历史文化相结合（黄炜，2012）。旅游演艺业是文化旅游最重要的表现形式之一，也是景区摆脱门票依赖的主要方式，是景区文化挖掘和展示的主要方式。高回报率和快回收率成为近年来各大型旅游目的地争相推出代表文化旅游项目的原因。旅游演艺业在短短数年之内,成为旅游业可持续发展的强劲助力,丰富了旅游的文化内涵,提升了旅游的品质和附加值。

在我国旅游演艺业的发展经历了几个发展阶段。

初级发展阶段:中国的旅游演艺形式最早出现在20世纪80年代,为了增加旅游产品的外延,消除国外游客对中国旅游"白天看庙,晚上睡觉"的单调印象,以西安唐乐宫的《仿唐乐舞》为首作,但是由于计划经济体制下影响等原因,当时的目的并不是为了接待大众游客,而是接待国家元首和政府官员。

快速发展阶段:随着华侨城旗下的中国民俗文化村于1995年7月推出的《中国百艺晚会》、世界之窗于1995年12月推出的《欧洲之夜》以及宋城景区于1997年3月推出的《宋城千古情》等旅游文化演艺节目陆续开始公演,我国旅游文化演艺行业逐渐步入了繁荣发展的时期。

百家争鸣阶段:近几年,旅游实景演出和主题公园特色演出真正掀起旅游演艺的热潮。2004年由著名导演张艺谋执导的大型山水实景演出《印象·刘三姐》在桂林阳朔的推出,仅在2009年就演出了497场,观众达130万人,演出收入逾2.6亿元。在主题景区中,宋城演艺在1997年便打造了《宋城千古情》,是进入旅游演艺领域较早的企业,也是文化产业成功运作的典范,年演出1300余场,在旅游旺季每天演出可达10场,10余年来已累计演出1.6万余场,接待观众4800余万人次。在此之后,国内旅游景区掀起了推出演艺实业的热潮。到目前为止,几乎每个旅游地都会推出各种形式的旅游演出。

7. 非物质文化遗产旅游

非物质文化遗产是指各族人民世代相承的,与群众生活密切相关的各种传统文化表现形式(如民俗活动、表演艺术、传统知识和技能,以及与之相关的器具、实物、手工制品等)和文化空间(即定期举行传统文化活动或集中展现传统文化表现形式的场所,兼具空间性和时间性)。非物质文化遗产的范围包括:口头传统,包括作为文化载体的语言。传统表演艺术。民俗活动,礼仪,节庆。有关自然界的民间传统知识和实践。传统手工艺技能。与上述表现形式相关的文化空间。非物质文化遗产是某个民族或区域的文化沉淀,饱含着人们的无限情感与生命感动,是传统而真实的文化再现与历史华彩(孙梦阳等,2012)。

我国的非物质文化遗产的评定分为联合国认定的世界级非物质文化遗产

代表作名录和国务院评定的国家级非物质文化遗产及非遗代表项目的继承人,到 2016 年为止,我国是拥有世界级非遗项目最多的国家,总数达 39 个,国家级的非遗项目达到 1219 项。事实上,非物质文化遗产旅游一直是国际上争议比较大的话题,有学者呼吁保护非遗,才能使得非遗较好的传承,有学者认为只有开发才能使非遗更好地传承,也有学者认为保护性的开发才是非遗传承的最佳方法。

(二)我国城市文化旅游发展主要特征

1. 文化与旅游融合趋势明显

随着我国旅游产业的飞速发展,旅游产业的规模和收益实现稳步增加,我国成为世界出境游和入境游的大国之一。中国博大精深、源远流长的历史文化以及其表现形式成为我国旅游得以飞速进步的最大吸引力。而随着我国文化产业的不断发展,城市文化产业价值获得了主要的提升,2013 年文化产业产值达到 3.9 万亿元,占整个国民生产总值比例已经超过 5%。

文化和旅游的融合趋势也在进一步加强,尤其是在城市文化旅游产业发展方面,两者之间逐步走向更加深入的融合,并取得了重要经济成果,具体体现在:一是在全国范围内,主要城市兴建了能够鲜明代表我国传统文化和现代文化理念的主题公园,例如锦绣中华,这些主题公园以城市为中心能够代表我国区域特殊文化资源,吸引大批中外游客,构建旅游产业新的经济增长点。二是构建城市为中心的独特旅游城市目的地,例如云南大理,倡导体验式别具一格的民族风情旅游文化参与和传承,实现更为紧密城市文化和旅游产业的深度融合,形成一种城市文化和旅游产业生态循环的市场效应。三是强调城市传统文化节日和旅游产业融合,例如那达慕大会,这些传统的城市文化节日,实现了旅游企业为消费者提供多元个性化需求的新方式和新产品。四是通过城市文化创新建立了一系列的旅游表现品牌,例如东北的刘老根大舞台,这些能够代表地域文化特点的旅游表演品牌,已经成为城市特色旅游的新的经济增长点,在提升旅游产业效益的同时,对民俗文化起到了保护和传承的重要作用。综上所述,城市文化和旅游产业融合,能够更好地丰富旅游产品和市场,满足人们多元化社会需求,为我国旅游产业结构性调整和可持续发展提供新的战术性指导。

2. 传统旅游业正在转型和升级为文化旅游，更加注重内涵发展

随着我国旅游业发展，以及旅游者旅游地的升级，传统的旅游形式并不能满足旅游者的多元化需求，传统旅游产业营销模式，例如城市馆藏式，已经不能满足消费者的个性化需求，消费者积极关注深层次旅游城市文化性体验，旅游者更加追求精神内涵的提升。而文化旅游的产生，正契合了广大旅游者的这一需求。从我国诸多城市的旅游业发展历程中，可以窥见一斑。众多文化旅游代表城市，不断推出新的文化旅游产品，增加新的文化旅游线路，旅游者大多开始追求"精华游"而非"一日游"。旅游产品的开发向纵深发展。

3. 文化旅游产业集团扩张步伐加快

随着城市文化旅游的发展，在国内，近几年兴起了一批代表性的文化产业集团，负责开发深度文化旅游产品，拓宽文化旅游产品的表现形式，如中国文化产业集团、西安曲江文化产业集团、万达文化产业集团、华侨城集团公司、金典集团、宋城集团、无锡灵山文化旅游集团，这些集团公司有着共同的发展特点：第一，是迅速成为地方旅游产业的大鳄；第二，在地方文化旅游产业运作中有着先进的设计理念、新颖的产品形式以及富有吸引力的宣传手段；第三，在地方文化旅游产业升级中，厥功至伟；第四，随着地方代表性文化旅游产品的成功打造，其管辖的地区也不断扩大，管辖城市中的多个景区（如曲江集团），或者负责多个城市的文化旅游产品运作（如宋城集团）。

4. 区域发展差异明显

我国文化旅游的发展呈现出东部繁荣、中部顺起、西部较慢的特征，这与旅游业及区域经济发展的特征相适应。东部城市由于借助于雄厚的经济基础，文化旅游产业的发展基础环境较好，在推出文化演艺等文化旅游产品时，市场运作效果较好。中部城市中有部分城市文化产业发展迅速，给文化旅游的发展创造了较好的外部环境，同时带动了文化旅游业的发展，如长沙的影视文化产业的飞速发展，使得湖南卫视的收视率位居全国前列，同时，影视产业的发展为长沙地区带来了高知名度，湖南地区的许多旅游景区游客接待量大幅上升。而西部的大部分城市虽然拥有丰富的资源，但是由于在经营理念、运作资本、管理模式、人才缺乏等方面的原因，在文化旅游发展中比较

落后。在西部城市中，仅有西安、成都、昆明、南宁等城市的文化旅游发展效果明显。

（三）我国城市经济发展的现实基础

1. 区域经济发展不均衡

传统经济学理论判断经济发展的首要标准是 GDP，东部城市的 GDP 总值大大高于西部城市，西部城市中除重庆、成都两个城市拥有较高的 GDP 外，其他城市的 GDP 总值均处于较低水平。

东中西部经济发展的不均衡由来已久，有政策倾斜、历史基础、资源分布等原因造就，东部地区经济水平较高，尤其是部分省会城市的经济发展水平已经达到世界发达城市的经济发展水平，诸如北京、上海、深圳等城市，在基础设施建设、城市文化建设等方面的水平较为发达。中部地区经济发展水平次之，但是也有部分城市经济发展水平与东部城市相差无几，如武汉、长沙等城市的经济发展水平较高，且在文化产业发展方面的业绩比较突出，如长沙近几年的文化产业的发展已经跃居全国较高水平。西部地区总体经济发展水平最为落后，但西部地区拥有丰富的物产资源和文化资源，如石油、天然气、煤炭、草场资源等丰富的内蒙古、四川、新疆、西藏，其中云南以"植物王国"和"动物王国"著称，拥有丰富的物种资源，加上西部是少数民族较多的地区，民族文化资源灿烂，是我国物产资源最发达的地区，也是文化资源比较丰富的地区。

2. 产业结构发展不平衡

长期以来，我国的诸多城市都依赖于第二产业的发展，尤其是房地产为主要表现的制造业对于城市产业链的拉动，相关上下游的产业链条因为房地产的繁荣而发展迅速，但也有部分大城市第三产业发展迅速，尤其是以文化和旅游为主要内容的带动作用明显。从世界先进城市的发展轨迹来看，提升第三产业的比重势在必行，从而可以弥补由于第二产业的波动对于城市经济的影响。且第二产业的作用在于城市基础设施建设等硬性条件的提升，城市的总体发展水平必须考虑人文需求和软性条件的发展，第三产业发展的作用即是如此。以西部城市为例，第一、二、三产业的结构并不合理，工业经济发展较快，投资较大，第三产业所占比重较低，但呈现不断上升趋势。

3. 资源依赖型城市发展迅速，但后劲不足

纵观我国诸多城市经济的发展轨迹，发现许多城市经济迅速增长的原因在于拥有丰富的物产资源，如煤、石油、天然气等，在GDP的排名中，后来居上者如内蒙古的鄂尔多斯市、陕西省的榆林市，在全国城市经济水平排名中迅速提升。但是，资源依赖型城市发展从长远来看，问题较大，如当资源枯竭时，城市经济发展路径如何选择？且大量开采资源，带来环境污染、土地沦陷等问题，也是当前不可避免的问题。就如我国20世纪末山西省的很多城市在以煤炭为主要资源促进了城市经济的迅速发展，但是在21世纪以来，由于资源枯竭，山西城市的排名直线下降，经济缩水、资源过度挖掘带来的环境污染，诸多困境面前，城市发展道路的选择尤其重要。山西省的很多城市以临汾为例，在资源枯竭后，开始把发展的焦点集中于文化旅游上。

4. 文化旅游对部分城市经济拉动作用明显

在我国城市发展面临资源枯竭、环境破坏的困境时，意外地发现一种绿色无污染的产业对于城市经济的提升作用是明显的，即旅游业的发展成为许多城市发展的共识。随后，文化旅游作为旅游业的升级产业，对于诸多城市的提升作用明显，如丽江、桂林、成都、长沙等，这些城市的旅游产业以快于GDP的增长速度而增长，对于城市GDP的贡献远远超出5%。所以，文化旅游的优势在于收效快、客源多、污染少等优势，也成为诸多城市经济发展的支柱产业。

第三节 文化旅游与经济协调发展的实现路径

一、国内文化旅游与城市经济协调发展经验借鉴

杭州是浙江省省会，政治经济文化中心，历史文化灿烂，距今已有2200多年的历史，是中国四大古都之一，五代吴越国和南宋王朝都曾在此建都，"上有天堂、下有苏杭"就是对杭州形象的经典赞美。

杭州不但拥有丰富的文化旅游资源，在城市经济的发展业绩方面也是比较好的，2014年全市实现地区生产总值9201.16亿元，比上年增长8.2%。全国排名为第10位，其中第一产业增加值274.36亿元，第二产业增加值3858.9亿元，第三产业增加值5067.9亿元，分别增长1.8%、8.1%和8.5%。人均生

产总值 103757 元，全市居民人均可支配收入 39237 元，全国排名为第 10 位。

杭州经济的发展以及区位优势提供的便利为文化旅游发展奠定了基础，而文化旅游的发展为杭州城市的发展提升了品位，提升了形象。杭州的游客满意度在历年排名来看，也是位列前茅的。总体来说，杭州城市文化旅游与城市经济协调发展的经验如下。

（一）注重城市历史文化的保护和传承

南宋文化是杭州的文化之魂，杭州在发展文化旅游时，注重对各种文化资源的如对饮食文化、宗教文化、茶文化、建筑文化等的重新梳理、整合以及创新。如杭州"西湖十景"的再现就是文化旅游发展的佐证。杭州文化旅游的发展与文化旅游的研究互相促进，如南宋史研究中心以及有关专著的出版，对城区文化氛围的构建和普及作用较大。再者，为了保留原有建筑和社区，在不迁移区内原住民的前提下，杭州市通过对上城区的重新规划建设，开发了南宋皇城大遗址公园，从而有效地再现了南宋皇城的原貌，保护了皇城遗址，改善了原住民的生活环境，也节约了大拆大建的成本。

（二）创新城市和文化旅游发展理念——西湖经验

杭州西湖环城公园从 2002 年开始实行"一免四不"政策，即免费开放、门票不涨价，不出让土地，不破坏文物，不侵占公共资源。从表面上来看，每年的门票收入减少了 2530 万元，但是实际上由于西湖的免费开放带动了周边旅游产业经济效益的大幅度增长。它是我国第一家不收门票的 5A 级景区。在免费政策施行的 10 多年来，极大地促进了杭州市经济、社会、环境效益的提升。这种创新型的理念是文化旅游和城市经济的协调发展的有益探索。

西湖景区实行"一免四不"，并不是偶然事件，事实上浙江是最先具有免费提供公共文化服务意识的省份，是我国最早实行博物馆免费开放的省份。在此之后，以 2008 年国务院发出的《关于全国博物馆、纪念馆免费开放的通知》为标志，我国进入博物馆全面免费的新时代。

西湖景区的免费开放，对于杭州市整体的城市形象，以及旅游经济效益起到了正面促进作用，门票免费带来了游客量的增加以及游客停留天数的增加，从而带来了整个城市旅游相关行业收入的增加。西湖景区免费且维护了遗产属于公共资源的地位，维护了公共遗产的形象，并有利于文化遗产保护的进行。逆转了我国旅游业长期W GDP增长为导向的理念。西湖经验在我国来说也是文化旅游与城市经济协调发展的成功典范。

（三）城市发展注重对遗产资源保护的空间布局优化

杭州市依托两湖等文化旅游景区，城市整体的发展布局都以保护文化遗产资源为前提，通过疏散老城区和风景区的人口，达到保护老城区的目的，在逐渐开发钱塘江为轴线的新城区，从而形成"保老城、建新城"的城市布局（李虹，2012）。我国目前大部分城市的发展历程都是"拆老城、建新城"，城市虽有焕然一新的面貌，但是代表城市文化元素和历史积淀的老旧文物的保护，均为城市新建让道，对于城市管理者来说，城市的文物保护与城市建设是一道永远无法破解的难题。

而杭州西湖的城市发展既保护了历史文化老城区，又拓展了城市发展道路，同时，杭州市还通过了"西湖保护工程"。即把西湖核心景区影响景观的建筑拆除，把景区单位及住户外迁，减轻西湖景区的人口负担，新建景区公共绿地，极大地保护了城市的核心文化旅游景区。是值得其他城市借鉴的成功经验。

二、文化旅游与城市经济协调发展的理念更新

（一）城市发展理念的倡导——适度发展与城市更新

我国城市发展的道路实际上跟国外诸多城市的发展道路很相似，国外的城市发展历程为城市建设—推倒重建—适度发展的模式，由于我国经济发展与西方国家相比较慢等历史原因，我国的大部分城市现在仍处于推倒重建这样一个发展阶段。在城市建设方面，工业文明所促进的城市高速发展仍在继续。但是，由于近几年我国部分大中城市出现的空气污染、环境恶化、人口激增，使得城市管理者意识到工业文明所带来的城市高速发展的弊端以及后城市发展模式的转型，由此，"低碳城市"成为城市管理者的奋斗模式。而文化旅游的发展正好适应了低碳城市的要求。"中国创意产业之父"厉无畏指出"城市发展文化创意产业有三条路径：一是旧区改造，城市更新；二是资源开发，文化演绎；三是建立潜舰项目，实现综合运作"。对于西部城市来说，由于经济发展慢于东部城市，在城市建设上，并不必延续推倒重建的发展模式，打造特色的城市精神才是西部城市的发展之道。延续城市的历史文脉，保护

城市的历史文化遗产，结合城市的区域文化特色，探索属于城市的特色发展道路。文化旅游及文化创意产业发展所倡导的城市发展模式即适度发展与城市更新。

（二）文化旅游发展理念——保护第一与再生利用

对于西部的诸多历史文化城市来说，发展文化旅游是城市发展的特色之路，文化旅游的发展也是我国诸多旅游城市发展的必然选择。而文化旅游发展的基础是城市的文化遗产资源，如果保护有利，开发适度，且能实现再生利用，那么，文化遗产保护本身即是一种经济资本。文化遗产保护较好的城市，对外的影响力和宣传力较好，这一点在欧洲的诸多城市均已证明。

对于过度开发的城市来说，虽然在短期内可能获得较快的经济收益，但是，从长期来看，带来的是对于旅游产业和文化遗产毁灭性的打击。我国的诸多文化景区在近些年也开始意识到这一点，开始实行限制游客进入等措施来引导和分散人流，保护核心景区资源。

同时，在保护的基础上，实现再利用，开发与文化遗产资源相适应的产品形式，可以实现城市文化旅游品位的提升和经济效益的双丰收，如近些年许多景区推出的景区文化演艺活动，既弘扬了景区文化，又带来了经济收益；城市推出的各种文化演艺活动，也可以作为文化遗产资源实现再利用的一种形式。

（三）文化和城市发展理念——以人为本与可持续发展

我国城市发展的历程相比西方社会来说时间较短，且由于城市发展所处的社会背景的不同，使得我国城市发展极具特色，"唯GDP论"成为业绩判定标准，我国城市的发展轨迹与土地等相关的房地产事业息息相关。似乎在大部分城市的发展历程中，文化导向的建设并不多见。可喜的是，在东部发达城市中，有许多城市已经开始注重城市的转型和升级与文化密切相关。在西部城市中，主导文化产业和文化导向的城市建设起到了很好的效果，如西安的曲江地区，由于曲江文化产业集团的运作，"文化+旅游+地产"的运营模式使得曲江新区及泛曲江地区成为文化新区和城市品牌的所在地；而成都的文化运营模式更加成功，锦里、宽窄巷子等区域成为文化旅游带动城市经济增长的典型区域。

但是，在我国城市建设发展的过程中，受计划经济体制的影响，集权制在带来诸多优势的同时，也会带来诸多问题：第一，在城市的发展历程中，忽视了民众意愿表达的渠道假设，缺少社区参与，有些城市虽有民众参与的渠道，但是大多形同虚设；忽视民众意愿表达，缺少民众对城市建设的支撑和理解。第二，许多城市的建设很难长期坚持。

城市的可持续发展，需要文化转型，需要文化遗产保护，需要规范的法律法规和长期有效的制度保障，也需要民众的参与和支持，这条路尤其适用于很多资源枯竭型的城市在面临转型时的困境。文化和城市发展相结合，才能体现城市特色，提升城市形象。

三、文化旅游与城市经济协调发展路径分析

对于文化旅游城市来说，要找寻一条符合实际的发展道路，并立足于地区的实际，探索出新道路和新模式才是成功之道。文化旅游与城市经济协调发展的着眼点不外乎两点，即保护和开发。在保护的主线上，应如何保护核心文化旅游资源，实现城市文化旅游的可持续发展；在开发的主线上，如何开发文化旅游资源，实现文化旅游与城市经济的协调发展，文化旅游资源既能推动城市经济发展，城市经济发展又能与文化旅游发展实现良性互动开发。

（一）文化旅游推动城市经济发展模式

对于文化旅游推动城市经济发展的城市来说，文化旅游产业的发展在推动城市经济发展的过程中扮演着举足轻重的角色，文化旅游业的发展带动了城市相关产业的发展。对于这种发展模式来讲，要促进文化旅游与城市经济的协调发展，必须以保护文化遗产资源为基础，并充分发挥文化旅游产业的带动作用。

从产业角度来分析，这种发展模式中，文化旅游产业在城市 GDP 中的贡献较大，是城市主要的支柱产业之一，城市发展对于文化旅游的依赖程度较大，所以在文化旅游与城市经济协调发展的过程中，应注重充分发挥文化旅游对于城市经济的带动作用，促进城市其他产业的均衡发展。

1. 保护文化遗产资源

对于文化旅游推动城市经济发展的城市中，文化旅游资源是最重要的城市发展基础，许多文化旅游资源是产生于文化遗产资源基础上的，许多城市创造的文化旅游资源均以文化遗产资源为基础，如西安市临潼区地区经济的

发展是依托于兵马俑、华清池等文化遗产资源,如果文化遗产资源的发展潜力过度挖掘,势必会引起此类地区的可持续发展成为难题。所以,保护城市赖以发展的文化遗产资源,杜绝破坏及过度挖掘等行为,才是此类城市经济和文化旅游协调发展的根本所在。

文化遗产资源是城市文化旅游发展的根本,没有文化遗产资源,就没有城市发展的特色,所以,保护好文化遗产,有利于城市特色和文化旅游发展基础的建立。可以探索城市文化旅游发展的多种形式,如文化创意产业的发展,既可以延续城市的历史文脉,又可以发挥文化的资本价值,也降低了城市的改造成本,还可以提升城市的形象。

在发展之初,西部很多城市都基于追求经济效益的增加,在拆除古建筑的基础上兴建地产或用作其他商业目的,在短期之内的确带来了经济收益,但是,却破坏了文化资源,割断了城市的文脉,对于城市历史文化完整性与真实性的延续具有毁灭性的打击,既不利于城市文化旅游的长期发展,也不利于城市经济的长远发展。但是,也有专家反对有些文化遗产资源虽然保护了原真性,但是所在区域居民生活条件无法改善,旅游带来的福利效应并不明显。那么,我们必须寻求一条文化旅游既可以促进地区经济发展,又有利于文化遗产保护的可行之道。从目前看来,保护核心区域的不可再生文化遗产资源,丰富文化旅游的外延形式,挖掘多种类型的文化遗产资源表现形式,是一种可取之道。如文化旅游演艺节目的挖掘,以及文化遗产陈列形式的改变、与文化旅游相关的节庆活动都可以成为文化旅游发展的多种形式。

2. 做好城市发展的空间布局规划,对文化旅游区域进行分区管理

文化旅游与城市经济协调发展,应做好城市发展的空间规划,对于核心景区和边缘景区进行区别管理,核心景区要加强文化遗产资源的保护,限制开发程度,可以探索多种形式的遗产呈现方式;考虑文化旅游发展对于当地社区和居民的影响以及遗产保护的延续性;对于外延文化旅游景区,可以探索文化旅游发展的多种形式,如文化旅游创意园区、各种节事活动等,加大宣传和影响力度,吸引更多游客,创造经济效益。城市在做规划时,尽可能把经济发展、基础设施、旅游流等各种因素考虑在内,并且城市规划应注重长期性和有效性。对于文化旅游城市来说,城市规划的核心是如何在发展城市的同时与城市形象提升相结合,与城市的历史文化脉络相结合,任何割裂城市文化形象的城市建设以及不兼顾文化保护的城市发

展,都是不具有长远发展眼光的。

对于遗产城市的文化旅游发展模式,也应区别对待,此处借鉴欧洲EPSON项目开发的遗产利用模式,在低需求、低供给的文化能力不足地区,城市管理部门要尽可能开发新的文化旅游产品,创新文化旅游资源模式,改革和创新旅游营销方式,提升自身的文化供给能为,挖掘多种文化旅游形式,对于高需求、低供给的地区,应加大限制需求的手段,维护核心资源的保护和平衡。对于低需求、高供给的地区,应拓展营销渠道,改善基础设施,提升游客的可进入性。

另外,根据分区管理原则,在文化旅游的可发展区域,也可以通过政策引导、经济鼓励等多种方式形成文化产业集聚区,在打造城市文化特色的同时,可兼顾区域经济发展,文化产业集聚区必须与文化创意产业发展相结合,才能提升该区域的吸引力和运作力。

3. 发展文化旅游产业集群,形成城市增长极

旅游产业集群是在一定地域空间中,由相互关联的旅游企业及其他相关组织机构组成的具有复杂性的产业组织形式(卞显红,2012)。那么,文化旅游产业集群也可以认为是由文化旅游企业与其他组织形成的产业组织形式,如文化旅游产业园、城市综合体等。

文化旅游产业集群的主要功能作用在于形成城市的经济增长极,从而带动城市经济的增长。如西安市的曲江文化产业园区,是陕西省、西安市确立的以文化产业和旅游产业为主导的城市发展新区,它核心区域面积40.97平方公里,同时辐射带动大明宫遗址保护区、法门寺文化景区、临潼国家旅游休闲度假区和楼观台道文化展示区等区域,发展区域总面积近150平方公里。作为国家级文化旅游产业园区和5A级景区,其文化旅游产业占到全西安市"半壁江山";地区生产总值同比增长12.2%。同时,文化旅游产业集群可以作为城市文化和城市形象的代表区域,在城市经济增长和城市形象塑造方面的贡献较大。

文化旅游产业集群的表现形式丰富,在我国最具代表性的为文化旅游产业园区,虽然起步较晚,但是发展迅速,如山东曲阜文化产业园区、四川青羊绿舟文化产业园区,都是当地极具特色又对当地经济贡献较大的产业集群。

4. 发挥文化旅游产业集团的积极作用

文化旅游资源的挖掘,文化旅游产业的发展离不开具有雄厚资金实力,

和丰富文化旅游产业运作经验的企业支撑，文化旅游产业集团应运而生。地区文化旅游产业集团的组建，必须包括几大关键点：文化遗产资源、英雄式的集团管理者，以及先进的文化产业运作理念。宋城集团、曲江文化旅游集团、灵山文化旅游集团是我国文化旅游集团中的代表，打造了一批地方特色浓厚、文化资源特色浓缩的文化旅游项目，如宋城集团打造的《宋城千古情》《丽江千古情》《三亚千古情》，曲江文化集团打造的泛曲江文化旅游产业园区，均为地方经济发展注入了活力。

同时，我国文化旅游集团发展的一大特点，是旅游地产与文化旅游的融合发展，如华侨城集团和万达集团，地产集团雄厚的资金实力与文化旅游的高吸引力相结合，促进了文化旅游地产的飞速发展，同时，文化旅游地产的发展带动了相关产业的发展和地区就业数量的提升，从而推动了地区经济的飞速发展。

（二）城市经济推动文化旅游发展模式

城市经济推动文化旅游发展的城市类型，特征是城市经济的繁荣发展，推动了城市文化产业的进步和城市吸引力提升，从而促进了城市文化旅游的发展，并享受了城市经济发展正外部性，如基础设施便利、交通条件改善、接待设施及服务的改善。这种发展类型多见于大中型城市，如上海、香港、深圳等。此类城市，在文化旅游与城市经济的协调发展方面，需不断创新文化旅游产品，塑造文化旅游品牌，创新文化旅游发展理念。

1. 塑造文化旅游品牌

文化旅游品牌的塑造，是一个复杂的系统工程，但城市文化旅游品牌的成功塑造，对于城市文化旅游资源的宣传和城市知名度的提升作用是巨大的。品牌塑造，需要深刻总结城市文化旅游资源的主要特点，形成文化旅游宣传口号，设计标志性的LOGO，同时，与系列的宣传推广活动相配套。需要说明的是，城市文化旅游品牌的凝练，应尽可能代表城市文化旅游资源的特点。吴必虎、俞曦（2010）以北京市为例，分析了目的地品牌建设与形象设计的主要内容包括认知调查、核心理念（MI，如口号设计）、视觉设计（VI，如旅游标徽）。2014年4月，由人民网、中国旅游报、中华文化促进会旅游文化研究中心联合举办的"中国文化旅游知名品牌"征集活动，经过近5个月的评选，公布了"影响世界的中国文化旅游名城、名县、名镇、名景、名人、口号"等一批六类知名文化旅游品牌获奖名单（见表5-2）。

表 5-2 影响世界的中国文化旅游口号

序号	省区或城市	文化旅游宣传口号
1	山东省	好客山东
2	重庆市	重庆非去不可
3	江西省	江西风景独好
4	湖北省	灵秀湖北
5	新疆维吾尔自治区	新疆是个好地方
6	云南省	七彩云南,旅游天堂
7	三亚市	美丽三亚,浪漫天涯
8	商洛市	秦岭最美是商洛
9	江山市	江山如此多娇,风景这边独好
10	常熟市	江南福地,常来常熟

城市文化旅游品牌既要代表文化旅游形象,又要与城市形象相契合,成功的城市文化旅游品牌有助于城市形象的提升,也有助于城市文化旅游的宣传推广。同时,城市文化旅游品牌的内涵是丰富的,可以是一个景点,也可以是一条线路,又或者一个旅游目的地,所以品牌的标识和宣传口号的设计和选择尤为重要,它是城市文化特色及形象的凝练。同时,品牌是有价值的,成功的文化旅游品牌是城市发展的助推器,城市形象提升的同时,也是城市巨大发展机遇的时期。

城市文化旅游品牌的塑造和推广,对于文化旅游资源保护也是有重要意义的,城市文化旅游的发展之道在于保护核心资源,丰富外延形式,对于文化旅游资源衍生产品的开发,文化旅游商品的开发和创新,以及相关产业链的开发,丰富旅游体验,如有文化旅游品牌做支撑,会起到相得益彰的功效。

2. 创新城市经济和文化旅游发展理念和运行模式

尝试文化遗产的再利用模式,发挥文化遗产的经济效益。国外诸多先进城市对于私人或者机构介入文化遗产保护有着较好的奖励制度,"文化遗产的再利用模式"成为欧美社会普遍接受的一种私人资本介入文化遗产保护的模式,通过对旧文化遗产的重新开发再利用,使得文化遗产的经济效益得以发挥。西方社会已经把文化遗产的保护和再利用作为产业来发展,所以,可以见到诸多文化遗产再利用公司,进行专业化的维护和利用,并通过独特的呈现形式实现文化遗产的再利用。

对于文化旅游发展的资本来源,可以有三个途径:私人资本、社会资本以及政府资本。私人资本投资在我国并不多见，源于私人资本利益的无限性以及相关约束制度的不健全，但是可以作为以后探索的模式；社会资本主要来源于非营利性的公益组织，对于文化遗产开发和文化旅游资源开发的资金的投资或资助，这种方式在我国也不多见，因为社会捐助资本相关制度的不健全和不可控性；政府资本是目前文化旅游资源开发的主要来源，但是鉴于政府财力的局限性，我们应该挖掘前两种资本并探索其有效运行模式。

对于我国文化旅游城市来说，一方面可以探索民间资本对于文化旅游资源的进入，但是必须完善相关的管理和监督机制。另一方面，可以探索新的运作模式，创新理念，开放思想，不必照搬西方社会经验，拿来主义不一定适用，立足本国实际，借鉴欧美和世界其他国家成功经验，创新才是根本，人才、制度、环境是创新的保障体系。城市文化旅游的创新在旅游业日趋发展的今天，显得尤为重要，在保护现有文化旅游资源的基础上，开发文化旅游产品，发展文化创意产业，突破目前的观念枷锁，实现城市文化旅游运营模式的创新，实现文化旅游既能推动城市经济发展，提升城市形象，又能实现文化旅游资源的永续利用。西湖模式的成功经验，证明了创新运营模式的重要性，杭州城市管理者突破了现有的景区经营模式，从"收费"改为"免费"，克服了短期行为，"免费"为城市带来了长远效益。我国目前大部分文化旅游城市都存在"一哄而起"的行为，盲目照抄，生搬硬套，所以，出现"一哄而起"后，有的旅游产品快速消亡。所以，结合本城市的实际，冷静分析，立足长远，寻求新文化旅游发展模式才是与城市经济协调发展的根本道路。

（三）文化旅游渗透于城市经济发展模式

文化旅游渗透于城市经济发展的模式是指，文化旅游与城市经济发展同步前进，在发展过程中，旅游业对城市 GDP 的贡献与其他产业的贡献相当。在此类城市的发展过程中，充分发挥法律法规对文化旅游资源的保护功能，城市发展规划中应注重城市发展的空间布局，同时，积极推行"旅游＋"的发展理念和模式。

1. 建立健全文化遗产保护的法律法规体系，寻求文化旅游与城市经济协调发展制度保障

西方国家文化遗产保护得当的一大缘由就是西方社会对于文化遗产保护有着完善的法律制度，任何破坏文化遗产的行为都要受到法律制裁，而我国

在文物保护方面的法律法规较欠缺，《中华人民共和国文物保护法》虽然颁布较早，但是并不能制约某些景区开发者破坏景区环境和氛围的行为。《中华人民共和国旅游法》的颁布也是千呼万唤始出来，从执行到完善需要一个长期的过程。应加快这方面法律制度的完善步伐，为文化旅游与城市经济协调发展寻求制度保障和法律保障。

从欧美英以及新加坡等城市的发展历程来看，在国家和政府层面，都比较注重文化旅游资源的保护，在保护的基础上发展。欧美城市在建设的过程中，并不赞美高楼大厦、厅堂林立等发展方式，反而，许多城市的发展都让位于文化遗产保护，所以我们在西欧的城市中，会看到诸多为了文物保护而"绕道行之"的城市维护和建设工程。许多古城保存完好，城市的发展可以兼顾古城原貌的恢复和保护。事实上，对于经济较为发达的欧美国家来说，文化资源保护较好本身就成为一种吸引力，文化特色成为城市发展的方向。城市发展倡导的是适度发展，城市的布局和发展都以保护文化遗产为首要前提。

2. 完善全民参与和监督机制

先进城市的发展比较注重城市规划的制定，而且具有长效性，并不因城市管理者的改变而带来城市规划的朝令夕改，全民参与及监督机制，使得城市的规划只能服从于城市发展的实际。有效、完善、长效的城市发展规划，使得城市文化资源保护能得到有效实现。不同社区代表和其他利益相关者以及全面参与是维持政策具有长期效力的支持力量。社区和民众参与的研究和重视在西方是历时已久的，在我国却是近年来才开始关注，民众对于城市治理的参与和监督可有效提升城市治理的效果，同时也是维护城市长期规划的有效推动力量。

文化旅游城市居民参与文化旅游和城市建设的过程，是一个不断增加意愿的过程，开始时从他人社区参与的影响意识到，文化旅游发展对于自己利益的增加，后来在城市建设中开始监督政府行为，如有损害自身利益，会挺身而出，维护自身应有权益，后来当维权成为一种公民普遍意识时，公民会不自觉为文化旅游和城市发展出谋划策，从而实现自身利益与城市文化旅游以及城市发展兼顾发展。

第六章 旅游景区的创新与管理

第一节 旅游景区与创新

一、旅游景区创新的本质

从本质上讲,旅游景区的创新是为了更好地满足游客的需求和期望。对企业而言,创新有利于发现新的市场需求,改变原有的竞争格局。Sony 公司的 Walkman 就是一个很好的产品创新例子。当时的人们乘地铁上下班,来回长达两个小时的时间里非常无聊,如何打发这段无聊的时间?Sony 公司发现了这一需要并成功地创造出随身听,使模糊的需要变成一种有具体指向物而且能购买得起的产品需求。

但是,创新并不是突发奇想,更不仅仅是比谁的点子多。创新要坚持科学性、实践性和开放性。景区创新意在推动景区的持续发展,其前提是坚持正确的思想方法、科学求是的态度以及变革求新的勇气,有打破常规的思路和科学的操作,坚持一切从实际出发,同时遵循旅游业发展的规律和风景旅游资源保护的规定。景区创新既不能因噎废食,在"保护"面前不敢工作,也不能任意妄为,破坏旅游业发展的基础。

二、旅游景区创新的原则

(一)市场需求是创新之源

景区创新的首要工作是进行深入细致的针对性市场调查,包括顾客的现实需求和潜在需求、游客的抱怨和投诉,然后分析和发现游客需求,寻找解决问题的方案,开展有益的创新。有时候,景区还可以从中发现新的市场空间和投资方向,即发现需求、找到市场、满足需求、占领市场,最后取得成功。

（二）服务理念是创新之基

服务理念的核心是游客满意。首先它是创新的动力，正是有了这样一种"顾客至上"的服务理念，所有员工才会有动力去主动创新，并自觉养成一种不断进取的服务意识。其次，也正因为有这样的服务理念，我们的员工才会保持一颗"顾客心"，主动与游客进行沟通与交流，真正把游客的不满和需要当作头等大事来对待。也只有这样，游客的需要才能反馈到景区管理人员面前，景区才能获得持续不断地市场信息来源。

（三）全员参与是创新之本

《经济合作与发展的研究成果》表明，雇员超过5000人的美国公司中，有47%从事基础研究。而在旅游景点里，许多员工认为创新只是少数科研人员或者管理者的工作。事实上，创新是与人们密切相关的活动。每个员工在工作的时候，对于景点发展和产品技术等方面都已形成自己的看法。这些都是企业创新活动的元素，是创新的重要信息。然而一些旅游景区不但没有全员创新意识，反而对提出新思路的员工漠不关心或者进行批评，扼杀了员工创新的热情。

三、旅游景区创新管理的条件

（一）塑造游客导向的景区服务文化

企业文化是指组织成员共同拥有的价值观和规范的集合，它给予组织成员以理念，提供组织以行为准则。企业文化似乎就像企业内部的"气候"。服务企业必须管理它们的内部"服务气候"，在一种良好的服务气候下，服务企业的员工才能树管理它们的内部"服务气候"，在一种良好的服务气候下，服务企业的员工才能树立牢固的服务导向，并实施积极的行为。正因为如此，服务文化对员工的服务导向及服务行为有着极重要的影响。其重要作用表现在以下几个方面。

首先，一种浓厚的服务文化可以激发员工对优质服务和顾客导向的追求。服务产品生产和消费的性质决定了它不可能像有形产品一样标准化，顾客的行为也无法事先预测得十分准确，因此服务企业更需要有一种导向明确的文化告诉员工,如何去面对各种新的、难以预测的情形,使员工在为顾客服务的过程中处于良好的状态。

其次,服务企业员工的服务导向与整个工作业绩有着高度的相关性。因为顾客可识别的质量是利润率高低的一个决定因素,一个具有服务导向、关心顾客的员工会根据顾客的意愿而灵活地为顾客排忧解难。即使发生一些失误或突发事件,也能够随机应变,找到适当的解决方法。由此,服务导向改善和提高了服务质量,对服务企业的利润做出了积极的贡献,较高的利润率又为保持和改善员工的服务导向提供了必要的激励手段。这样在服务组织内就形成了良性循环,整个过程就可以自我推动、自我发展。

最后,服务文化有利于在服务组织中形成共同的价值观,并改善组织的业绩。组织成员共同的价值观是企业文化的基石,共同的价值观对员工的日常工作业绩有鲜明的导向作用。因此,管理人员需要倾注大量的时间发展和加强共同的价值观。共同的价值观一旦深入人心,就能改善组织的业绩。

(二)营造创新环境,建立创新机制

旅游景区创新活动的开展,与景区内每一名员工都是密切相关的。要让全体员工时刻为景区着想,没有一个创新环境和创新机制是行不通的。创新环境的营造,就是动员全体员工为景区发展提出新创意,在整个企业内部,不放过任何一个有创意的想法或科学合理的建议。这样,形成一种"人人要创新,人人都创新"的氛围。而对于创新机制的建立,需要管理部门制定系列规章制度,激励员工的创新意识。如奖励创新成果,公正评价创新劳动的制度等。对于提出创意的员工要鼓励、表扬,对于其合理创意要采纳。企业只要营造一种自由创新的文化氛围,让每个个体充分发挥其主动性,就有可能激发出个人的创造性潜能,并逐渐形成强大的企业创新能力。在服务文化和创新环境的营造方面,迪斯尼的管理方法值得国内景区的经营管理者借鉴。

(三)培养创新人才

在任何经济活动中,人才都是最关键的,创新尤其如此。旅游景区创新活动的开展对人才的要求是非常特别的。首先必须具备专业知识,旅游景区创新人才如果对景区规划、开发、管理一窍不通,根本无法实现景区创新;其次,要有打破旧事物,提出新事物的决心和胆量,任何墨守成规、不思进

取的人是提不出什么创意的；再次，要有创造性思维，这也是创新人才的天赋。正是由于创新对人才的要求很特别，而现在各景区创新的人才基础非常薄弱，所以阻碍了创新活动的开展。

创新的关键是人才，人才的成长靠教育。在新世纪日益激烈的全球旅游业竞争中，高素质的旅游管理人才成为急需。旅游教育机构要着重培养学生的创造力和表现力，强化学生专业知识的应用能力，树立智力与非智力协调发展的教育观念，为旅游景区创新培养和输送合格的人才。

四、旅游景区创新体系

旅游景区创新体系包含了景区在开发和经营过程中的各个方面，涉及活动开发、服务提供、市场营销、体制改革、科技进步、需求研究等诸多内容，大致可以归纳为产品创新、管理创新、经营创新，它们共同构成了旅游景区的创新管理体系。这三大创新机制相互影响，共同架构起了旅游景区的创新平台，为旅游景区的全面创新提供保障。

旅游景区的创新体系（见图 6-1）是一个动态的体系，受到供给和需求两大方面的影响。供给方面主要是由于科技进步带来的在各个方面的科技成果的应用，提高旅游景区的科技含量和产品丰度；需求方面主要是旅游市场不断变化的需求偏好和流行趋势，由此带来的对旅游景区各项创新的指示意义。

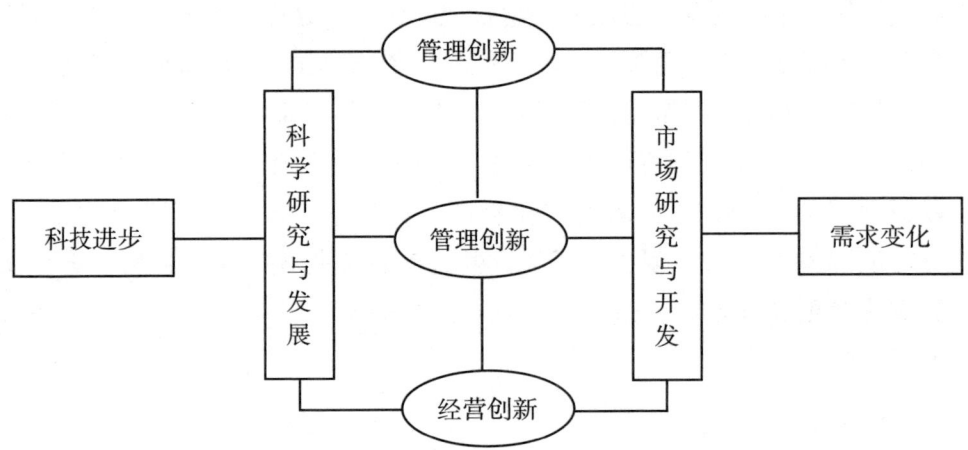

图 6-1 旅游景区创新体系

第二节 旅游景区产品创新

一、旅游景区产品创新的模式

产品创新是旅游景区创新的核心。产品创新的关键在于开发、设计、包装令人耳目一新的具有强烈吸引力的旅游项目和景点。要在深挖景区内涵的基础上,在"新、奇、特、绝、精"上做文章,充分反映地方特色,进行准确定位,树立精品意识,防止趋同性和重复性,强调独特性和新颖性。景区新产品设计过程如图 6-2 所示。

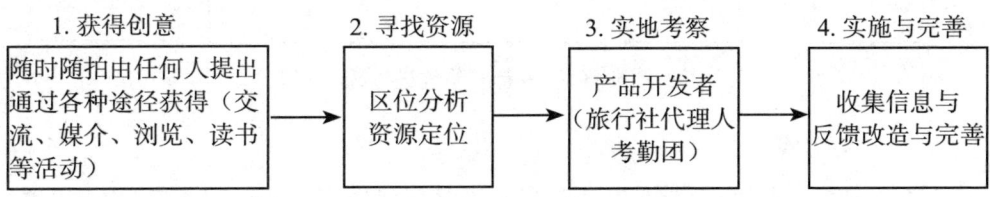

图 6-2 景区新产品设计过程

景区产品创新包括设计新产品和改进老产品。全新的旅游景区的推出固然称得上景区新产品;旧有景区产品经过部分改动、调整、更新、改良、完善,成为给人以一定新意、为景区旅游增添新的吸引力的产品,这样的旧产品也应成为景区产品创新的范畴。

(一)景区新产品的创新模式

1. 获得创意

新产品开发的创意往往可遇不可求,闭门造车未尝不可,然而通过与别人交流、在媒体上接受信息、出外旅行游历、读书阅报等方式却具有更多的激发灵感的机会。

2. 寻找资源

在确定创意可以实施后,就要寻找能够实现创意的优秀资源。除了对资源进行评价外,风景区所处的地理环境和区域条件也应纳入考虑范围内。

3. 实地考察

无论是景区开发还是旅游线路的组织都离不开旅行社的推广，因此实地考察活动应该由产品开发者和旅行社或旅游代理商一同进行。

4. 实施与完善

景区产品从开发到销售过程中要进行信息的收集，合理运用反馈机制，不断完善产品。

（二）景区老产品的创新模式

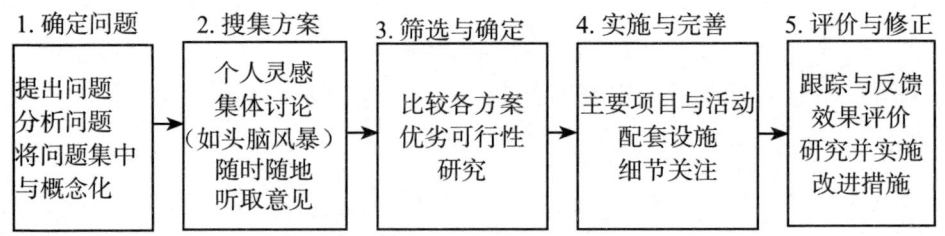

图 6-3 景区老产品改进过程

1. 确定问题

景区老产品在进行创新之前，首先要对现状进行分析，了解存在的问题，或对现存问题大体获得共识。问题的确定代表着创新过程的发展方向及最终目标，所以景区管理者与决策者必须注意把握方向，这个过程实际上是一个提出问题、分析问题的过程。

2. 搜集方案

这个过程可以由管理者依靠个人灵感进行发挥，但更好的方式是集思广益，可以借鉴西方的"头脑风暴"法激发各种解决问题的创意及方案，这时候不应急于对任何人的意见进行判断和评价，否则容易约束创造力的产生。此外，随时随地注意听取相关人士的意见也是寻找方案的一种好方法。就景区产品的改进而言，最有发言权的是一线工作人员，他们每天直接接触产品以及游客，对景区产品的优劣有较全面的了解，往往对如何改进景区产品的不足之处也有自己的独到见解。游客和旅行社也是获取意见的重要渠道，前者是景区产品的直接消费者，后者则掌握了大量游客反馈的信息。所以在搜集方案时，千万不可忽视这三类人的意见。

3. 筛选与确定方案

这个步骤是一个比较、分析、判断的过程。决策者在对各方案的优劣进行评价、比较之后，需要对所选方案进行可行性研究，整个过程要求决策人员必须谨慎又果断，因为所选方案是否正确决定了产品能否获得市场的成功。

4. 实施方案

决策者虽没有必要在实施方案过程中事必躬亲，但是必须注意检查配套设施、服务的到位，以及细节的纰漏。服务业有"100-1=0"的著名公式，即最低质量的评价原理，如果在服务过程中有一件事做砸了，客人便可能对服务提供者给予全盘否定。

5. 评价与修正

在对景区产品进行改进后，需要不断跟踪，从一线工作人员和旅游者、旅行社那里了解对产品的反映和评价，及时发现问题并加以解决，努力使产品趋于完善。

二、旅游景区产品创新的方向和原则

（一）景区产品创新的方向

1. 注重游客体验

景区产品是一种体验，如何加深游客在景区的体验，给游客一次难忘的经历呢？派恩和吉尔摩将体验分成了四个部分：娱乐（entertainment）、教育（education）、逃避现实（escape）和审美（estheticism）。

娱乐不仅是最古老的体验之一，而且在当今是一种最高级、最普通、最亲切的体验，几乎没有哪种体验会排斥那些使人们开怀大笑的娱乐瞬间。与娱乐体验不一样，教育包含了游客更多积极地参与。逃避现实的体验比娱乐和教育的体验更加令人着迷，需要更加积极地参与。游客参与有教育意义的体验是想学习，参与逃避现实的体验是想去做，参与娱乐体验是想感觉，而参与审美体验就是想到达现场。

未来的旅游者在闲暇时间会更加积极地寻求可提供参与和学习机会，以及有趣和有娱乐性的目的地，也即积极寻求娱乐、教育、逃避现实和审美的体验。在体验经济时代，景区产品应该更注重游客体验。景区产品在创新时，就更应该以提高产品的娱乐性、教育性和审美行为为导向，增强娱乐性强、参与性强、文化内涵高的项目，让游客在景区得到更丰富的体验。

2. 注重生态环境

随着人们物质生活的满足，消费者对生态环境和生活质量越来越关心，人们比以往任何时候都珍惜自己的生存环境，反对资源的掠夺性开发和使用，追求永续消费。人们愿意为保护环境出钱出力，而改变消费习惯以利于环保的进行。

旅游景区基于游客需要以及自身发展的要求，越来越注重对生态环境的保护和利用：宣传环保知识、开发绿色产品、实现生态旅游等，这将是未来景区可持续发展的必由之路。

（二）景区产品创新的原则

1. 协同性原则

很多景区给人的感觉是杂乱无章，眼下时兴什么景区就操办什么，一点都不考虑景区已有的环境氛围条件。这样使游客在景区的体验没有重点，不能留下深刻的印象。景区在产品创新时，无论是设计新产品，还是改进旧产品，都必须与原有的景观协调一致，不能破坏原有景观的整体性和完整性。

2. 差异性原则

从人类的本性而言，旅游就是一种求异动机所驱动的行为。新异刺激能给旅游者以更多的满足。越是富有特色和地域性的旅游产品，就越能满足旅游者"新异刺激"的需求。因此，景区产品的创新要突出产品的差异性，注重"人无我有"的特色产品。由于任何项目都要衰老，维持差异性和新鲜感的根本是产品和项目的持续创新。西方国家对主题公园衰老问题的对策是每三年进行一次产品更新，而节庆表演节目则每年有30%的更新率。

差异性有两类：一是地域距离的差异；二是实质内容的差异。前者是暂时性的，后者却是永恒的。在对景区产品进行设计与重新规划时，必须认真调查研究，避免产品雷同而导致资源浪费。

3. 真实性原则

随着消费意识的日益成熟，旅游者对游乐空间和情感体验对象的要求不断提高和深化，出现了追求本原性、真实性景观环境和游乐体验的趋向。

景区所要做的就是尽量贴近景观、文化、历史的原貌，让游客有更真实的体验。

这种需求趋势反映到旅游景区的产品创新，就要求景区的管理者仔细地去分析游客的消费心理，从游客的消费动机出发，寻找体现游客追求事物的有效载体，但这种载体必须是原生的、贴近现实或历史本貌的。

三、旅游景区产品创新的方法

（一）主题创新

主题是旅游景区的灵魂，任何景区都应有特定的主题，无论是人文自然景观型还是人造景观型或科技参与型的景区，都必须有贯穿该景区所有产品的主题。对于旅游景区而言，主题具有三方面的作用。第一，它是一种具有亲和力的逻辑关系。有了这种关系，景区与目标游客群体之间就能互动起来。第二，它是一种具有震撼力的游园线索。游客置身其中就能体验到特殊的感受。第三，它是一种具有扩张力的产品链条。有了这种链条，景区就能不断完善产品体系和提升产品功能。

主题的选择可以多种多样。目前比较受欢迎的主题有：教育展览、珍禽异兽、植物园林、外国文化、历史陈列、科技博览、河流历险、生活娱乐、水上公园、动物表演等。在主体资源不变的情况下，景区可以根据市场形势的变化，进行主题创新，在动态中把握并引导旅游需求。

（二）结构创新

随着旅游资源的日渐丰富和旅游者需求的日益多元化，旅游产品的类型也逐渐增多，除了一些传统的旅游产品项目，新型的旅游产品也层出不穷。总体而言，旅游产品大体可分为三类：观光产品、度假产品和专项产品。

现在除了观光需求之外，度假的需求和特种旅游的需求也在逐步上升，且发展势头良好。目前已有两批消费能力相对较强的人不再满足观光旅游这种基本模式了，在该看的都已经看过后，下一步寻求的就是度假旅游和特种旅游，比如度假旅游对多数中产阶层可以说是一个必然需求，特种旅游对很多白领阶层也可以说是一个必然需求。而且，不断有新层次的旅游者产生。这种发展格局会越来越清晰。这里并不是说观光产品的需求会下降，而是其在总体旅游产品中的比例会下降，从而形成观光、度假和专项产品鼎立的局面。因此，要适应这种发展趋势，景区必须进行产品结构的创新，使产品结构丰富起来，以适应不同旅游者的不同需求。

景区产品结构创新主要是对现有旅游产品的补充即选择性旅游产品的开发。对原有产品的组合状况进行整合，加强度假、商务、会议、特征旅游等多种旅游产品的开发，完善产品的结构。

（三）功能创新

在我国大部分旅游景区中，无论人文景观还是自然景观，都没有对产品进行深层次的开发，向游客提供的仅仅是一种"观感"，且"观感"的内容仅仅是具体的、缺乏游客参与性的景物。如果在旅游景区中多开发一些让游客参与的休闲娱乐活动，多开发一些以文化内涵为基础、与景点本身氛围一致的旅游项目，可以有效地提高景区产品的活力和生命力。

借鉴国内外景区的成功经验，可以发现，节庆表演活动的开发是景区产品功能创新的主要途径。

节庆表演作为景区的一种新兴旅游产品，其作用主要体现在以下几个方面：①演绎文化，深化主题；②完善产品结构，延长游客活动时间；③培养景区新的经济增长点；④创新产品，延长景区生命周期；⑤打造核心产品，提高竞争力；⑥提升企业形象，创企业品牌。

节庆表演活动的开发应坚持以下几个原则：

①立足市场。只有满足市场需求的产品才是适销对路的产品。

②立意文化。文化是节庆活动和表演项目永恒的主题，节庆表演既可以根植于地方文化，又可以移植和嫁接外来文化。

③不断创新。只有不断创新才能使景区节庆产品保持永久的生机和活力。

④打造精品。景区的节庆表演必须要从一般性的产品开发向构筑文化精品工程方面转变，形成有自己代表性的、叫得响的节目品牌。

第三节 旅游景区管理创新

一、旅游景区管理创新的定义

在旅游景区经营管理创新当中，管理创新是指通过计划、组织、指挥、协调，控制等职能的创新，对旅游景区内部进行重新组织与安排，以求在新的经营环境下，提高景区的工作生产效率。

旅游景区内项目的运行好坏与管理是密不可分的。景区管理者所执行的决策、组织、协调、控制等职能很大程度上影响了景点项目的成功机会。因此，管理创新是旅游景区创新的保障，其关键是根据需求层次理论和现代管理科学成果，建立景区的战略管理和运行管理的约束机制、激励机制和监督机制。

旅游景区管理工作虽然大部分为常规工作，但是许多管理法规和管理方式都是20世纪80年代的遗留物，缺乏与时俱进的创新和改进。国家旅游局早在2000年就推出中国旅游景区（点）质量等级评定，对于景区景点的管理工作给予了极大的促进。现代企业的创新管理，需要打破传统模式，结合各自企业的具体实际，探索实践，建立起适合自己企业发展的管理机制。

二、旅游景区管理创新的原则

（一）层次性与整体性原则

从空间上考察，一个景区新产品要经历从概念信息到具体投入运行，从产品到产品链或群等多个层次；从时间上考察，产品创新要经历市场研究、功能规划、成本设计、市场开发等多个阶段。因此，景区经营管理创新也必须采用新的方式与手段，从抽象到具体，从简单到复杂，逐层分析，建立评价、优化、决策的创新机制。

低层次管理创新必须服从高层次的管理创新，局部管理创新必须服从整体管理创新，这就是整体性原则。根据景区经营战略和产品定位，调动景区资源，组织项目开发，在做好各阶段优化的同时，注意整体优化，遵循由上到下、从整体到局部的经营管理。

（二）目的性与开放性原则

旅游景区进行管理创新必须始终围绕景区发展的目标，并为其服务。景区在各个发展阶段都有不同的发展目标，如扩大市场份额、提高知名度和美誉度、提高景区利润、消除竞争对手等，针对不同的目标，景区推出的服务产品是不同的，所以景区管理创新的方法与手段也是不同的。

另外，旅游景区管理创新要坚持开放性的原则。把景区经营管理的思路拓宽，以虚心的姿态，有选择地向先进与发达地区或国家的景区学习。这也从另一个侧面说明了未来景区经营建设不仅需要在资源上做到共享，也需要在经营管理方式方法上做到共享，以此互相促进，共同进步。

（三）稳定性与突变性原则

旅游景区管理创新需要一个稳定的创新环境。创新管理首先要建立稳定的开发机构和组织体系；做好开发项目的确定性与不确定性的分析工作，尽可能减少和避免不确定性因素；运用网络技术管理，使各项工作朝预期的目标努力，力求每个发展阶段都能达到一定的均衡。

景区产品创新思维中往往会出现异乎寻常的新构想、新方案，尽管渐进式创新也是一种创新行为，但突破式创新更富有成效，所以管理创新应倡导思维活跃，组织技术攻关，注意诱导和保证新产品质的跃升，并处理好由此带来的新的协调平衡工作。因此，管理创新还应具有预备突变的功能，能及时采用信息反馈、专利保护、战略调整等措施。

三、景区管理创新的内容

（一）管理思想的创新

任何创新的前提是建立正确的思想观念，正确的思想观念可以推动事物的发展，错误的思想观念则阻碍事物的发展。管理思想的演进是实践发展在管理思想领域的反映。当今世界已进入体验经济时代，理所当然，旅游景区的管理思想也要及时反映出体验旅游的特征。在体验旅游的时代，景区管理必须从系统的角度出发，兼顾游客、社区、政府、开发商、环境、生态等多利益，从各个方面共同构筑起体验旅游时代的景区管理模式。

1. 总体管理

旅游景区要长期规划、总体控制，实行从家门到景区大门的全程空间管理。政府要鼓励公众参与规划，严格监管企业开发行为，制定行业规范，评估与监控旅游影响，对游客进行教育与沟通，培养负责任的旅游者，推行"天然林保护""退耕还林""以粮代赈"等政策。

2. 资源与环境管理

资源与环境的多样性是游客体验的必要条件，也是新鲜感的基础。没有了生态多样性，然就不能给游客带来新鲜感，必须在满足经济、社会和审美需要的同时，保证文化统一、基本的生态进程、生物多样性和生命支持系统，对文物保护采取"有效保护、合理利用、加强管理"指导方针，以及因地制宜，采用分区、容量控制、轮休等方法保证资源与环境的可持续利用，防止"吃祖宗饭、造子孙孽"的恶性开发。

在旅游资源的开发上要善于做"减法"。世界遗产管理中常见的减法包括：限制总体游客数量，不让游客数量超过承载力；暂时的景点关闭，提供复制品对游客开放，而将真品保护起来；实行分区，在重点文物区与游览区之间设立缓冲区，减少游客对珍稀文物的破坏；设置固定参观路线；价格限制，对有些景点免费，而有些易受破坏的景点采用高价限流；移走人工制品；对一些易风化的文物如摩崖石刻，采用搬迁的方法在博物馆中保存起来，而不暴露在外。

在我国的敦煌和九寨沟已经实行了定时定量方法来限制旅游人数，莫高窟每日限定数百人的游客进窟参观，九寨沟每日限定 2000 名游客进沟旅游，对国外游客实行预约参观。黄山则实行轮休制度。苏州开始通过政策杠杆与价值杠杆来达到保护园林的目的。

3. 社区参与和旅游扶贫

社区是塑造游客体验的重要道具，社区参与的原因主要有两个：一是社区居民对景区开发的影响感受最深；二是社区居民本身是构成游客体验中"友好气氛"的必要成分。促进社区发展实质上是保护了文化的多样性，社区为游客的新鲜感以及亲切感提供必要的基础。景区开发要带动社区发展，增加地方就业、社会收入与提高人民生活水平。在老少边贫地区，旅游扶贫是具有中国特色的景区开发的必要使命。2000 年 8 月六盘山旅游扶贫试验区开工，这是我国第一个国家级旅游扶贫试验区，广东、贵州与海南纷纷仿效并且在通过旅游带动贫困地区经济发展方面获得了巨大成功。

4. 景区服务：亲切感的源泉

景区的员工服务是游客亲切感与自豪感的重要来源。在地中海俱乐部，导游是最重要的灵魂。他们像朋友一样与游客同吃同住同娱乐，与游客打成一片，又像节目主持人，风趣幽默、恭谦勤快，对游客有求必应。在共同营造景区氛围中，员工起着主导作用，这表现在对游客的服务行为上，包括微笑、眼神交流、令人愉悦的行为、特定角色的表演，以及与游客接触的每一细节。现在的景区服务特别重视服务情景中的员工与游客面对面接触的真实时刻，就是为了给游客一个快乐体验。

（二）管理手段的创新

管理思想创新直接体现在管理手段的创新上。今后旅游景区之间的竞争是一种核心能力的竞争，是一种非价格的竞争，是一种差异化的竞争。在旅游景区的管理手段上，在瞬息万变的市场环境中，景区管理者必须敏锐地抓住景区竞争的核心竞争力，找到自己的独特优势，建立起自己景区的市场号召力。

1. 景区游客忠诚度管理

游客忠诚的概念包括两个层面的含义：首先，游客忠诚是一个心理学的范畴，它代表了游客对某一产品或服务的高强度的心理依恋，包含着对这一产品或服务性能、品质等的信任，以及在需要该类产品或服务时，首选购买该产品或服务的责任；其次，是在这一心理指导下的购买该产品或服务的行动和对该产品或服务的宣传推介。

（1）对于游客忠诚度的认识误区

首先，认为游客普遍出游的初衷是追求新异，对旅游景区重复消费可能性小，因而不存在游客普遍忠诚。这种观点首先把游客忠诚度简单地理解为一种行为，一种重复消费的行为，而忽视了忠诚度另外一层内涵，即游客积极的态度倾向心理。重复消费只是游客忠诚的一种表现方式而已，它受很多客观因素如距离、交通、时间和其他景区等客观因素影响和限制，而积极倾向的态度却不受任何限制，表现出来的便是一个积极的、维护景区利益的、无成本却极具说服力的传播者，因而决不能忽视忠诚游客对景区企业的重要作用与意义。

其次，认为忠诚度比较重要，但培养游客忠诚度是为了景区利益最大化，而忠诚的游客就是反复来的游客，就是消费多的游客，所以盲目选择增设景点设置和消费点，以期带动重复消费。

另外，旅游求新求异的特性也可以通过景区的产品创新活动来满足。这个创新不一定要求改变景区产品的本质属性，而可从服务创新、营销创新、管理创新、体制创新等多种角度为企业重新注入新的活力，以不断提高景区产品的竞争能力，赢得更广泛的市场和更忠诚的游客。

很多景区企业意识到游客重复消费的重要性，力求打破单一观光的产品模式，希望通过不断丰富游乐内容，增设消费点来拉拢回头客，如有些以观光为主的旅游景区认为游客仅仅来"看一看"消费太少了，于是大盖宾馆，然后再配套各种娱乐设施等，这么一步一步下来把一个自然景区转换成了一个小城镇，而且是一个非常庸俗的小城镇。这种现象绝不是一个好的趋势，这等于是在破坏景区自身的资源。所以，景区提出游客忠诚度的初衷，不应该是短期利益最大化，而是从景区持续发展角度考虑，建立在可持续发展的基础上的。

（2）提高景区游客忠诚度的意义

当今市场竞争的性质已经发生了革命性的变化。对于许多企业来说，重要的问题并不是统计意义上的市场占有率，而是拥有多少忠诚的顾客，即企业竞争的目标由追求市场份额的数量（市场占有率）转向市场份额的质量（忠诚顾客的数量）顾客忠诚的数量决定了企业的生存与发展，也是企业持续发展的根本保证。

有学者曾经对许多服务行业进行了长时间的观察分析。他们发现顾客忠诚度在决定利润方面比市场份额更加重要。在他们所分析的服务行业中，当顾客忠诚度上升5个百分点时，利润上升的幅度将达到25%～85%。同时，企业为老顾客提供服务的成本是逐年下降的。更为重要的是，忠诚的顾客成为"传道者"，努力向其他人推荐企业的服务，并愿意为其所接受的服务支付较高的价格（溢价效应）。可以说，忠诚顾客是企业竞争力重要的决定因素，更是企业长期利润最重要的源泉。

对于旅游景区而言，具有特殊性的一点是，管理者必须清楚游客的高忠诚度并不意味着游客对本景区的重复购买。由于许多景区的天然局限性，游客即使满意度非常高，但多次重游的可能性还是很低。这就需要景区的管理者转变思路，重新界定游客的忠诚度，把游客在高满意度下的良好口碑效应和宣传效应，看成是景区游客忠诚度的主要表现。有研究表明，顾客良好的口碑效应是企业最有效和最成功的宣传手段，所以，加强景区游客忠诚度的管理，并不是可有可无的，而是非常有必要的。此外，科技的日益发展，旅游景区游客忠诚度的含义逐渐有了新的体现。随着越来越多的景区开展智能化的管理，可以对游客建立数据库，采用累进消费折扣的方式，消费积分通过网络实行转移，实现另一种意义上的"重复消费"。

2. 旅游景区品牌管理

旅游市场竞争日趋激烈，旅游产品的生命周期越来越短，迫使旅游景区重新审视自己的旅游产品。美国的迪斯尼乐园长盛不衰，并且能在世界各地建立自己的连锁式迪斯尼帝国，这就是品牌的魅力所在。品牌管理就是从品牌定位到品牌增值的全部活动过程

（1）景区品牌管理的意义

品牌管理是通过识别功能，以品牌作为沟通代码，承诺和保证产品的质量、价值、用途、信誉，自始至终确保其价值功能，能为消费者提供认为值得购买的功能利益及其附加价值产品。

首先，由于旅游产品是有形产品和无形服务的综合，而旅游者购买旅游产品，购买的不是其中的有形物体，而是大量的无形服务，这使得旅游产品的核心是服务。服务是无形的，其评价标准弹性很大，况且有形的物体是通过无形的服务来实现的，所以，旅游者购买旅游产品存在很多不确定因素，而品牌的建设则在很大程度上减少了这种不确定因素的影响。通过品牌，旅游者可以省去许多信息的搜集成本，增强购买的信心。

其次，旅游产品很难以单项产品的形式出售给旅游者，旅游产品是多项产品组合起来的，并且旅游产品的生产和经营涉及了众多的行业和部门，形成了旅游产品的综合性和兼容性，旅游者对旅游产品的印象和认知影响着旅游动机和购买行为。而品牌正是一个以旅游者认知为中心的概念，其价值体现在品牌与旅游者之间。因此，品牌的构建需要取得旅游者的认知，并且把旅游景区的定位信息明确传递给旅游者，始终如一地存在于旅游者的心智之中。

再次，品牌是以旅游者为导向的，以品牌构建来协调景区的各种旅游活动，力求通过完整的利益承诺和保证使得旅游者的需求和旅游企业的需求都得到最大的满足。

最后，品牌的创建过程是一个传播历程，由此扩大景区的知名度甚至是美誉度。深圳华侨城依靠品牌管理在国内取得很大的成功。1989年11月，华侨城创建了里程碑式的"锦绣中华"品牌，1991年10月培植了"中国民俗文化村"品牌，1994年推出了"世界之窗"，1998年开发了"欢乐谷"品牌。凭借"锦绣中华""中国民俗文化村""世界之窗""欢乐谷"等品牌化、群落化的旅游主题公园，华侨城一方面采用个别商标策略，实行景区创新发展，

不断提升品牌个性和品质，形成华侨城"旅游城"核心服务和"中国旅游主题公园之都"的品牌形象；另一方面充分发挥华侨城旅游主题公园经营管理职业经理人的管理功能，对外开展管理咨询和委托管理，以实现连锁经营和特许经营，品牌得以巩固。

（2）景区品牌的管理

旅游景区的品牌管理是根据景区的竞争状况和产品优势确定旅游产品在目标市场上的竞争优势。根据旅游者的需要和动机进行分析，通过传播塑造品牌形象，与旅游者沟通并得到认知，使旅游者的需求得到满足，以此形成景区的竞争优势，从而力图在旅游者对同类产品的购买动机中，排他性地选择自己的旅游产品。

首先，品牌定位。由于旅游产品的无形性、竞争性、需求的多样性和复杂性等特点，准确的品牌定位就显得更加重要，故必须区分自己旅游景区与市场上同类景区的不同之处。

其次，价值定位。确定旅游者购买一定旅游产品的利益价值预期，是促成其形成购买行为的决定性因素，这是品牌管理中必须考虑的重要因素。

最后，消费定位。就是确定一套独特的深具识别性的值得消费者拥有的价值系统，并时刻保持完整的维护品牌价值的体系。

第四节 旅游景区经营创新

一、旅游景区经营创新的意义

经营模式是旅游景区经营管理的核心问题，也是旅游景区发展中最为重要、最受关注的焦点问题，理论研究意义大，实践指导作用强。其中，景区管理体制是景区经营模式的核心内容。有什么样的景区管理体制，就会产生什么样的经营机制，就会产生什么样的景区方式。对于旅游景区的发展而言，选择一个合理的经营模式，形成一个既有利于保护又有利于发展的管理体制，创造一个富于激励和有效约束的经营机制，是旅游景区未来发展的重要课题。

近年来，围绕旅游景区经营企业上市、文化遗产资源市场化经营和旅游景区保护问题，在各方面引起了不小的争论。其焦点是旅游景区发展取向问题。旅游资源的开发和保护之间的矛盾，实质上是由于景区经营模式取向导致的景区管理体制的变革和地方政府发展要求与部门分割管理的冲突。要正确处理好旅游景区改革和发展中的各种矛盾，就必须对旅游景区的经营模式进行创新，指导我国旅游景区的发展。

二、旅游景区经营模式分析

我国正处于社会主义市场经济的不成熟发展阶段，体制转轨条件下旅游景区经营模式多元化的特征也表现得非常突出。根据我国旅游景区经营主体的市场化程度、经营主体的所有制性质、旅游景区及其经营主体的行政隶属关系和旅游景区的权属关系四大依据，针对我国旅游景区近年来出现的经营模式新动向，本节重点分析旅游景区的三大经营模式：整体租赁经营模式、股份制企业经营模式、上市公司经营模式。

（一）整体租赁经营模式

1. 模式的介绍

整体租赁经营模式，是指在一个旅游景区内，将景区的所有权与经营权分开，由政府统一规划，授权一家企业较长时间的（最长为50年）控制和管理，组织一方或多方投资，成片租赁开发，垄断性建设、经营、管理该旅游景区，并按约定比例由景区所有者和出资经营者共同分享经营收益。这是一种由政府出资源，企业出资金，政企共同收益的旅游景区经营模式，是一种市场化经营公共资源的模式，体现公共性资源、企业化经营、专业化管理、市场化发展的特点。

2. 模式的主要特征

整体租赁经营模式结构如图6-4所示。

（1）在明确旅游景区国家所有的前提下，将其所有权与经营权有效分离，是这一模式的核心内涵

按照我国《风景名胜区管理暂行条例》等现行法律法规，风景名胜资源属国家所有，是全民共享的公共资源。这一模式遵从现行规定，承认风景名胜资源为公共资源性质，明确旅游景区为国家所有，但同时把它视为特殊的企业，将经营权授予一家独立的企业，体现国家资源与企业资本的有机结合。

（2）追求旅游景区最有效的投资规模，是模式的基本出发点

所谓有效投资规模，是指在一个相对独立的旅游景区中，投资总规模与

实际到达该景区的游客总需求量之间适宜的比例关系。供过于求会导致投资剩余，供不应求则会导致投资饥渴。不管是投资剩余还是投资饥渴，都是无效投资。旅游景区整体租赁经营模式就是通过独家授权，垄断经营，确保旅游景区投资企业的投资回报和资本增值，激发投资者不断加大景区投入，达到旅游景区最有效的投资规模。在这一经营模式中，投资景区开发经营的资金主要来源于景区所在之外的投资企业。

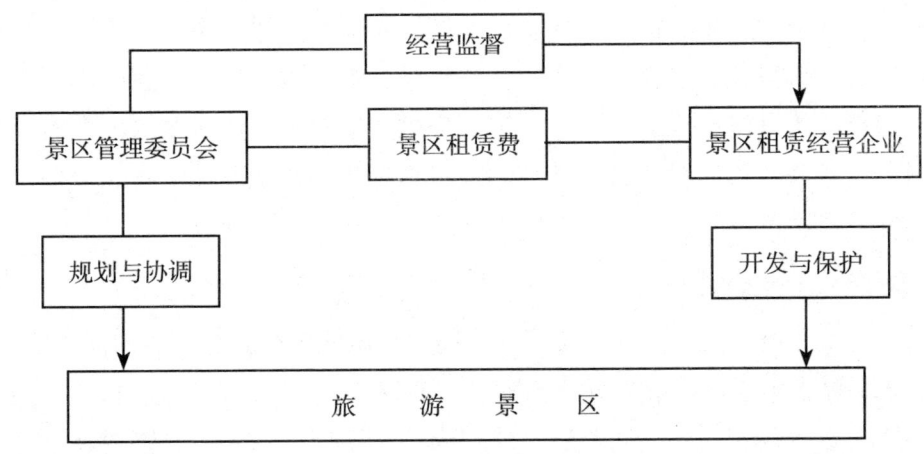

图 6-4　整体租赁经营模式

（3）由政府授权一家企业垄断性整体开发是这一模式的实质内容

从本质上看，旅游景区的开发，是旅游资源与投资主体的结合。根据投资主体的多寡，旅游景区开发模式存在"1+多"和"1+1"两种方式。整体租赁经营模式，就是"1+1"投资经营开发模式，由政府授权某一家而不是多家企业投资开发建设，独家经营。随着资本市场的不断发育，这一模式也不排除其他资本参与同一旅游景区的开发经营。但其他资本必须通过这家企业才能进入景区开发，而且其他参与开发经营的资本一般只拥有经营收益权，不参与旅游景区具体开发经营。

（4）政府统一规划，企业长期经营，是景区相关利益者各自利益的必要保证

在旅游景区经营中，政府不但要注重旅游资源利用效率，更要注重对旅游资源的保护，有效监督旅游景区经营活动，使旅游资本永续利用。为了避免景区经营企业由于追求投资回报所采取的短期开发行为，引导资金朝着景区可持续发展的方向流动，这一模式赋予景区企业长期经营，使投资方的切身利益紧紧地与旅游景区的前途命运联系在一起，使景区经营可能造成的外

部成本内部化，迫使景区经营企业不能不以长远利益为目标，正确处理资源保护与开发利用的关系，把旅游资源与环境的保护作为旅游景区重要的经营范畴，即远景投资回报业务。

（5）各司其职，相互制约是模式运行的机制保证

政府是旅游景区所有者代表，是处理旅游景区问题的专门管理机构，主要职责是编制旅游区规划、对旅游景区日常经营管理及对资源与环境的保护措施进行有效的监督和协调。旅游景区经营企业作为景区资产的经营者、市场竞争的参与者，负责整个景区的日常经营，保证国有资产的保值增值，保证旅游景区的可持续发展，并对旅游者提供优质服务。旅游景区的所有者与经营者通过法律协议对各自的责权利进行合理、清晰的界定，各司其职，相互监督，相互制约。

3. 模式的综合评价

整体租赁经营模式冲破了长期以来制约贫困地区旅游业发展的体制障碍，是对我国风景旅游区传统管理体制和政策的挑战。"碧峰峡"这一模式一经产生，便在政策层面、社会层面和产业层面产生了巨大影响，在国内特别是四川省内被主要媒体宣传后，这一成功实践在省内省外不断扩散、发展和完善。继碧峰峡之后，海螺沟、泸沽湖、西岭雪山、四姑娘山等相继得以高投入开发，成为贫困地区与资本市场合作的典范。

但是，由于现行管理体制和政策的制约，我国风景名胜资源属国家所有，各地区各部门不得以任何名义和方式出让和变相出让风景名胜资源及其土地。而模式突破了现有的体制和法规，是在旅游资源所有权和经营权分离的前提下，对风景旅游区进行整体开发和整体保护。无疑，这一模式承担着来自风景名胜区主管部门的巨这一模式承担着来自风景名胜区主管部门的巨大压力，在开发初期，也由于当地群众不理解，而采取不支持、不配合，以致严重地抵触行为。至今，国家有关部门仍然对此持有异议。

（二）股份制企业经营模式

1. 模式的介绍

股份制企业经营模式，是指旅游景区为了筹集开发建设资金，对景区经营企业实行股份制改造，并由政府委托股份制企业独家经营旅游景区，或在景区经营企业的基础上新组建一家股份制公司，政府授权其独家经营景区资

格的方式。

2. 模式的主要特征

股份制企业经营模式结构如图 6-5 所示。

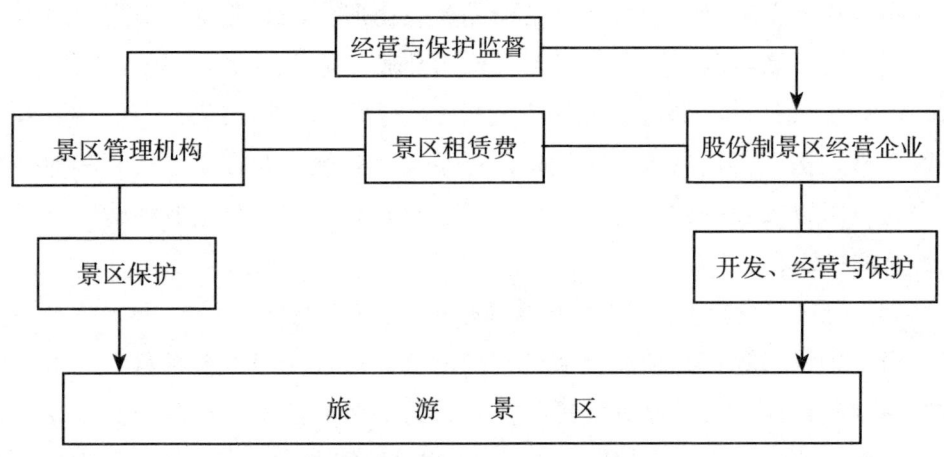

图 6-5 股份制企业经营模式结构

（1）具有所有权与经营权完全分离、开发权与保护权部分分离的权属关系

采取股份制企业经营的旅游景区，所有权代表为具有当地政府派出机构，景区的经营权归属经过股份制改造的景区旅游开发公司或授权新组建景区旅游股份有限公司。景区管理机构只负责景区的规划控制、资源与环境保护及对景区经营企业的监督，不直接参与景区开发建设和日常经营。景区所有权和经营权完全处于分离状态。但景区资源的开发权与保护权仅仅部分分离。在职能上，景区管理机构的主要职能是负责景区资源的保护，使其在开发利用中不被破坏；股份制景区经营企业的主要任务是筹集资金，在景区规划的指导下，在景区管理机构的监督下，对旅游资源进行合理开发、有效利用。

（2）向社会筹集大量资金进行景区开发，是模式形成的主要动力

旅游资源的开发需要大量资金作支持，尤其是景区开发初期，交通、通信、能源、水电等旅游基础设施往往是制约旅游发展的最主要因素。这些基础设施建设需要巨大的投入才能切实改善，而景区管理机构作为事业型单位，经济实力往往比较弱，很难从财政上筹集足够的资金。为了尽快把景区的资源优势转变成旅游产品优势，继而形成旅游市场优势和旅游经济优势，必须解决景区开发的资金制约问题。而这一问题的解决只能依靠社会，依靠市场机制来完成。吸纳社会资本以股份制合作的形式参与景区开发经营，或组建

新的股份公司来开发建设旅游景区,是解决资金制约的有效途径之一。

(3)景区实行股份制经营企业垄断经营

在股份制企业经营模式中,为了吸引社会资本的进入,确保景区企业投资回报,景区旅游资源开发和旅游产品建设由股份制企业统一负责,政府或直接委托股份制经营公司垄断经营,或组建新的旅游股份有限公司较长时间(通常为30~50年)地掌管景区专营权,实行长时间垄断经营。在合约期内,景区管理机构不直接参与景区经营,也不授权其他企业独立经营。其他企业或个人可以以入股的方式进入股份制景区经营企业,参与企业经营,享受景区经营的投资收益。

(4)景区经营企业需缴纳一定数额的专营权使用费

由于风景名胜资源和文化遗产资源的公共属性,当景区经营方式采取由政府授权新组建的股份制景区经营企业进行经营时,景区经营企业需要向景区所有者缴纳一定数额的专营权使用费(即景区资源专营费或景区特许权益)。但是,景区经营采取政府直接委托国有股份制企业垄断经营景区时,则不需要向景区所有者缴纳景区专营费。

3. 模式的综合评价

按照经济规律,运用市场机制,组建股份制合资企业,在确保公共资源国家所有并得到切实保护的前提下,对风景名胜和文化遗产资源类景区实行市场化经营的做法,在实践中取得了巨大的成效。这种优势资源和资本市场相结合的先进机制,极大地推动了旅游景区的开发建设;景区开发和资源保护相结合的制度安排,有效地实现了公众利益与企业利益、社会效益与经济效益的协调统一。股份制企业经营模式的设立,是旅游景区管理体制与经营机制的创新,是旅游景区行业改革的实践,但由于国家现行政策的约束,对风景名胜资源和文化遗产资源进行度假经营的做法,各相关部门存在着严重意见分歧,极大地影响了这一模式的推广和运用。因此,这一模式目前还处于与有关政策的磨合过程之中。

(三)上市公司经营模式

1. 模式的介绍

上市公司经营模式,是指旅游景区经营企业经过股份制改造上市以后,受景区管理机构的委托,代理经营包括景区门票在内的一切旅游业务,成为景区内唯一负责旅游经营的机构，对旅游景区实行垄断性经营的方式。

2. 模式的主要特征

上市公司经营模式结构如图 6-6 所示。

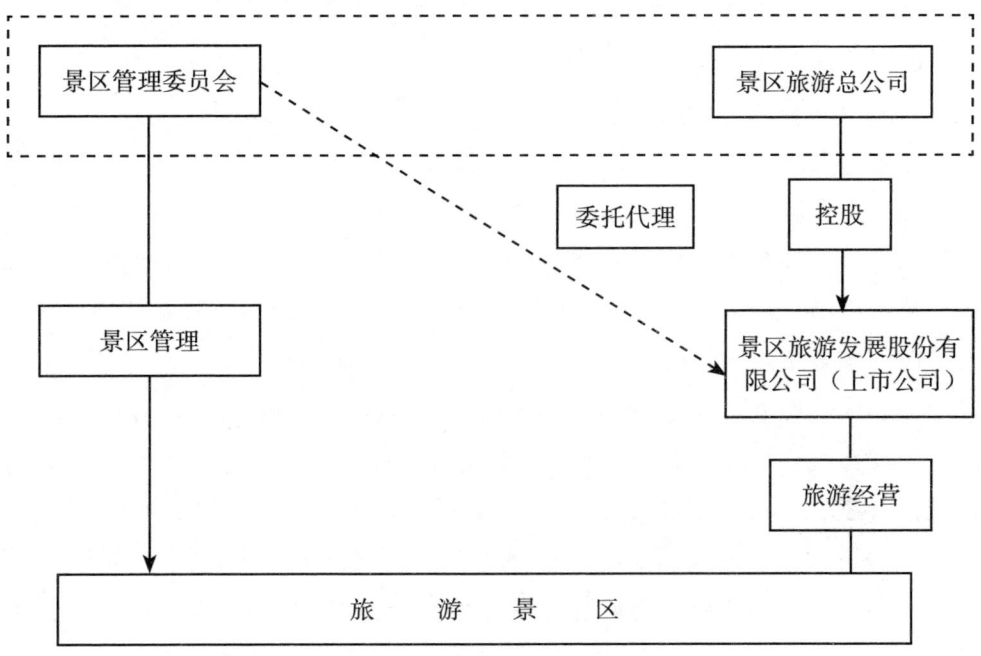

图 6-6 上市公司经营模式结构

（1）"四权"分离，各尽其责

采用这种模式进行经营的旅游景区，其所有权代表是景区管理机构，其经营权由景区管理机构委托给了景区上市公司，景区管理机构不再从事景区旅游业务的经营活动。上市公司统一负责景区旅游资源的开发利用，而资源的保护工作由景区管理机构及其内设机构承担。这是典型的景区管理权与经营权、开发权与保护权"四权"完全分离的景区经营模式。

（2）整体上市，垄断经营

上市公司是景区经营企业以经营性资产按照规范的股份制改造后组建成景区旅游发展股份有限公司而上市的，而不是上市公司收购景区经营企业经营性资产从而达到获取景区经营权的方式。景区旅游股份公司上市以后，原景区经营企业则成为上市公司的控股公司。在经营中，景区管理委员会与上市的景区经营公司建立"委托代理"协议，将包括景区的门票专营权在内的主要景区旅游经营业务全部委托给了上市公司，上市公司成为景区公共资源和经营性资产的独家经营主体,对景区资源实行垄断经营。景区的门票收入进入市场,并作为上市公司的主营业务收入。作为回报,上市公司将门票税后净收入的规定比例作为景区门票专营权使用费,缴纳给景区管理委员会。这既是上市公司经营模式的重要特点,又是景区上市公司的最大优势所在。

（3）治理有效,监督健全

采用上市公司经营模式经营的旅游景区一般为大型风景名胜区,知名度大,旅游资源品位高,列入世界自然与文化遗产名录,但景区内社会群体复杂,农民问题、居民问题突出。景区大、品位高、群体杂的特点,加重了景区管理和资源保护的工作任务和工作难度。为此,这类旅游景区的管理委员会都是级别高、授权多、力度大的政府派出机构,管理委员会主任通常由当地政府的主要负责人甚至是一把手担任,对景区实行封闭式、全方位的归口管理。景区管理委员会与景区旅游集团司一般实行两块牌子、一套人马的体制,管理委员会主任同时兼任景区旅游集团公司或旅游总公司的董事长,掌管景区开发、建设、经营业务的最后决策。这种管理体制和景区治理模式,对景区的资源保护、经营开发、市场秩序、社会治安等方面的管理力度大,对建设和培育良好的旅游环境和经营环境十分有益。公司上市后,按照国家对上市公司的管理要求,向社会公布重要经营事项、重要经营决策、重要人事变动和定期的经营业绩,接受主管部门和全社会的监督管理,形成治理有效、经营高效、决策透明、监督健全的企业经营机制。

3. 模式的综合评价

采取上市公司经营模式的黄山和峨眉山两大景区,既是我国首批公布的国家风景名胜区,又是世界自然与文化双遗产景区。景区公司上市以后,募集了大规模资金投入景区开发建设,使两大景区都发展成为我国最重要的旅游目的地景区,成为我国旅游业的品牌型景区,充分展示出上市公司对公共资源型景区开发建设、经营管理的巨大优势。在参与大型景区的开发建设中,两大景区上市公司的业务和资产迅速扩张,都创造了良好的业绩。黄山旅游发展股份有限公司上市以后,下属企业由 12 家增至 30 家,总资产从 2.3 亿元上升到 10 亿元,净资产达 6.68 亿元,股票市值 40 多亿元；峨眉山旅游股份有限公司上市以来,经济效益以年均 28% 的速度高速增长。这充分说明,上市公司与大规模、高品位的旅游资源相结合,将成为证券市场的亮点。

参考文献

[1] 周玲强. 旅游景区经营管理 [M]. 杭州：浙江大学出版社, 2006.

[2] 王雅丽, 周丽君. 旅游景区服务与管理 [M]. 长春：东北师范大学出版社, 2008.

[3] 厉建梅. 文旅融合下文化遗产与旅游品牌建设研究 [D]. 济南：山东大学, 2016.

[4] 朱红红. 旅游景区品牌延伸机制与应用研究 [D]. 济南：山东大学, 2009.

[5] 贾英. 基于符号学理论的旅游景区品牌塑造研究 [D]. 西安：陕西师范大学, 2009.

[6] 李源雨. 旅游景区品牌形象及商品开发设计的研究与应用 [D]. 武汉：武汉理工大学, 2014.

[7] 张凌云. 旅游景区概论 [M]. 北京：北京师范大学出版社, 2010.

[8] 李艳, 牛志文. 旅游景区品牌形象塑造研究 [J]. 北京第二外国语学院学报, 2001, 05:58-66.

[9] 陈萌. 我国旅游景区品牌发展研究 [D]. 北京：首都经济贸易大学, 2005.

[10] 刘文慧. 旅游企业品牌建设研究综述 [J]. 市场周刊（理论研究）, 2013, 06: 61-64.

[11] 王淑华. 旅游景区经营与管理 [M]. 郑州：郑州大学出版社, 2008.

[12] 张雅璇. 湘江流域景区旅游环境质量评价研究 [D]. 长沙：湖南师范大学, 2013.

[13] 李德山. 论低碳型旅游景区的建设 [D]. 西安：陕西师范大学, 2010.

[14] 韩禹兵. 基于游客感知的郊区旅游环境研究 [D]. 北京：首都师范大学, 2011.

[15] 魏钰彤. 朗乡镇旅游环境质量评价及规划对策研究 [D]. 哈尔滨：哈尔滨工业大学, 2014.

[16] 刘华琳. 山西省旅游环境质量评价及优化对策研究 [D]. 沈阳：辽宁师范大

学, 2008.

[17] 李欠强. 生态旅游景区质量管理研究 [D]. 福州：福建农林大学, 2006.

[18] 王磊, 王晓峰, 宋光飞, 等. 精品旅游景区环境评价指标体系研究 [J]. 地域研究与开发, 2014, 06: 92-96.

[19] 冯海燕. 旅游景区环境管理初探 [J]. 乐山师范学院学报, 2005, 10: 92-94.

[20] 姜若愚. 旅游景区服务与管理 [M]. 长春：东北财经大学出版社, 2008.

[21] 王庆国. 旅游景区经营与管理 [M]. 郑州：郑州大学出版社, 2006.

[22] 梁敏捷. 旅游景区环境保护的机制研究 [D]. 南京：南京林业大学, 2007.

[23] 张敏, 苗红, 冯会会. 基于可持续发展的低碳旅游发展模式研究 [J]. 旅游研究, 2012, 401: 26-30.

[24] 蒋芩. 低碳旅游景区评价指标体系研究 [J]. 资源与产业, 2012, 1405: 140-146.

[25] 窦银娣, 李伯华. 旅游风景区低碳旅游的实现模式研究 [J]. 生态经济（学术版）, 2012, 02: 201-205.

[26] 周书文. 低碳旅游景区的创建与管理思考 [J]. 开封教育学院学报, 2016, 3601: 278-279.

[27] 陈喆. 基于 SERVQUAL 模型的石林景区服务质量评价研究 [D]. 昆明：昆明理工大学, 2017.

[28] 王秦. 基于游客感知的景区服务质量评价 [D]. 合肥：安徽农业大学, 2017.

[29] 马震. 游客感知景区服务质量评价研究 [D]. 西安：西北大学, 2010.

[30] 杨凤影. 旅游景区服务质量测评体系研究 [D]. 广州：暨南大学, 2006.